Bärbel Mohr
Laila Schmid

Arbeitslos und trotzdem glücklich

Bärbel Mohr
Laila Schmid

Arbeitslos und trotzdem glücklich

Chancen ergreifen und die Zeit sinnvoll nutzen

© KOHA-Verlag GmbH Burgrain
Alle Rechte vorbehalten
1. Auflage: Juni 2009
Lektorat: Birgit-Inga Weber
Umschlag: Blanz Werbung GmbH
Gesamtherstellung: Karin Schnellbach
Druck: CPI, Moravia
ISBN 978-3-86728-100-3

Inhalt

Endlich ist es so weit

Schon seit Jahren denke ich (Bärbel), dass wir ein Buch wie dieses hier für Arbeitslose und Hartz-IV-Empfänger bräuchten. Nur bin ich mittlerweile von dieser Situation ziemlich weit weg ... Als wir zu Hause am Monatsende noch Spinat mit Erdbeereis aßen, weil es nichts anderes in der Gefriertruhe gab und wir kein Geld mehr für Brot hatten, da hätte ich das Buch schreiben können.

Oder als ich vollständig pleite war und erst am allerletzten Tag vor dem vermeintlichen Untergang – dann allerdings per sofort – einen neuen Job fand, da hätte ich das Buch auch schreiben können.

Auch dann wäre noch ein guter Zeitpunkt gewesen, als ich überhaupt keine Lust hatte, jahrelang die Schulden meines Exfreundes abzuzahlen, der sein Geschäft auf meinen Namen hatte laufen lassen: Damals habe ich tagsüber in einer Bildagentur gearbeitet und abends und am Wochenende habe ich mit Gasmaske Platinen gelötet. Nach einem Jahr war ich die Schulden los.

Na ja, aber das ist alles lange her. Schon als ich noch freiberuflich als Grafikerin tätig war, nur in Teilzeit arbeitete und um die halbe Welt gondelte (überwiegend wegen Recherchen, warum das Universum auf Bestellung liefert; damals war ich selbst noch ungläubig und fassungslos, was mir alles widerfuhr), hätte mir das Thema keiner mehr abgenommen. Und seitdem ich Bücher schreibe und Erfolg damit habe, erst recht nicht. Schade zwar, aber ...

Doch dann lief mir Laila über den Weg. Vor drei Wochen, um genau zu sein. Ich hatte einen Workshop beim Frankfurter Ring. Laila ist ehrenamtliche Mitarbeiterin des Frankfurter Rings. Sie holte mich vom Bahnhof ab und ich konnte außerdem bei ihr in der Wohnung übernachten.
Da ich relativ früh am Abend in Frankfurt am Main ankam, hatten wir viel Zeit beim Abendessen. Laila erzählte mir ihre Lebensgeschichte: dass sie früher in einer Bank gearbeitet hatte, arbeitslos wurde und wie sie erstmals echtes Selbstbewusstsein durch ihre vielen ehrenamtlichen Tätigkeiten während der Arbeitslosigkeit entwickelte. Wow, das klang spannend!
Laila hatte so viele Geschichten zu erzählen! Ungefähr jede zweite Minute dachte ich: Sie sollte ein Buch darüber schreiben, sie sollte unbedingt ein Buch daraus machen ...
Der Gipfel war ihre Bestellung beim Universum, drei Monate lang nach Australien reisen zu können – ohne Geld. Enorm, was sie dort alles erlebt hat. Es scheint erstaunlich einfach zu sein, ohne Geld zu reisen – man muss nur wissen, wie es geht. Laila weiß es inzwischen.

So wie sie überhaupt allerlei weiß, was jedem Arbeitslosen und Hartz-IV-Empfänger aus meiner Sicht sehr nützlich sein könnte.

Also habe ich sie ein bisschen damit genervt, sie solle doch ein Buch schreiben, und zwar natürlich sofort – wo ich doch seit Jahren finde, dass es gebraucht wird.

Und als sie schließlich nach geschlagenen drei Wochen immer noch kein Buch geschrieben hatte (ja, ich weiß, ich bin ein bisschen ungeduldig), schlug ich ihr vor, dass wir das Buch gemeinsam schreiben: Sie erzählt und ich schreibe alles auf.

Das haben wir gemacht, und hier ist das Ergebnis.

Im Grunde ist es Lailas Buch, versehen mit ein paar Kommentaren und Ergänzungen von mir.

Arbeitslos glücklich! – Wie alles anfing

Tatort und Beginn dieser Geschichte war ein absolut alltäglicher Umstand. Es passierte im August 2004.

Plötzlich und vollkommen unerwartet wurde ich (*ich* – das bin von jetzt an immer ich, Laila) mit dieser in meiner Bank längst bekannten, jedoch immer wieder erfolgreich verdrängten Nachricht konfrontiert: Die Schulungsabteilung wird geschlossen. Alle über 50-Jährigen werden entlassen!

Obwohl man unter der Hand munkelte, »wen es denn nun wirklich treffen würde«, erwischte mich diese Tatsache dann doch wie ein Faustschlag in den Magen.

Als einige Tage später der Betriebsrat weitere Daten, allerdings sehr gut verpackt, bekannt gab, fing ich an, mir Sorgen zu machen.

Nach und nach wurden wir zu einem Gespräch in die heiligen Vorstandshallen gebeten, wo uns, natürlich im Beisein des Betriebsrates, jeweils ein Angebot unterbreitet wurde, über das wir nicht mit den Kollegen und Kolleginnen sprechen sollten.

Das Angebot für mich lautete: Entweder ich kündigte freiwillig und sobald als möglich, dann bekäme ich eine noch zu bestimmende Abfindung. Oder ich wartete ab, bis die Auflösungsverträge ausgehandelt wären. Danach müsste ich sowieso gehen, möglicherweise ohne Abfindung.

Innerhalb von zwei Tagen sollte ich mich entscheiden.

Zuerst war ich so schockiert, dass ich keinen klaren Gedanken fassen konnte. Nach und nach stiegen meine Panik und Verzweiflung weiter an. Ich begann zu rechnen und nach Alternativen zu suchen. Was sollte ich bloß tun? Ich war viel zu verwirrt, um einen Ausweg zu erkennen. In meinem Freundes- und Familienkreis konnte mir niemand wirklich helfen.

Das Schamgefühl, *versagt* zu haben, wurde mir nach einem professionellen Beratungsgespräch beim Frankfurter Amtsgericht genommen. Hier erhielt ich den aufmunternden Zuspruch und rechtlichen Beistand im Hinblick auf meine Situation. Schließlich war nicht *ich* schuld an der Misere der Bank!

Also ging ich montags zur Geschäftsleitung und teilte meine Entscheidung mit, das Angebot vorerst nicht anzunehmen und weiterhin meinen Job behalten zu wollen. So schnell gebe ich nicht auf! Kämpfen hatte ich längst gelernt. Sie sollten sich etwas einfallen lassen, damit ich bleiben könne.

Gleichzeitig begann ich, Bewerbungen zu schreiben und aktiv nach Arbeit zu suchen. Nachdem ich allerdings sogar von den Personalverantwortlichen verschiedener Zeitarbeitsfirmen mehr oder weniger offen ausgelacht wurde, weil ich mit 56 Jahren noch glaubte, einen Job zu finden, gab ich diesen Weg vorerst einmal auf.

Die Sache endete in einer Entlassung mit der Vorgabe, zwei Jahre arbeitslos zu sein und danach in den Vorruhestand zu gehen. Erst nach dieser Zusage erhielt ich eine kleine Abfindung. Erpressung?

Ich konzentrierte mich nun bewusst ganz stark auf meine positiven Seiten und überlegte, wie ich – möglichst ohne Geld dafür aufwenden zu müssen – mein Selbstwertgefühl steigern und mehr Freude in meinen Alltag bringen könnte. Mir fiel auf, dass ich seit Jahren bereits einige sehr hilfreiche Gewohnheiten hatte:

- Regelmäßige Meditationsübungen gehören seit 26 Jahren zu meinem Alltag.
- Dankbarkeit ist mein Gebet: Jeden Tag finde ich mindestens fünf Dinge, für die ich mich bedanke – wenn es auch nur meine Füße sind, die mich getragen haben.

In Notsituationen werden Ressourcen freigelegt, die sonst brachliegen. Also praktizierte ich nun aktive Seelenpflege, erinnerte mich an den universellen Bestellservice und andere spirituelle und mentale Techniken. Kleine Erfolgserlebnisse mit dem Bestellservice hatte ich längst gesammelt. Jetzt hatte ich Zeit und Muße, das Universum aktiv um Hilfe zu bitten und meine Bestellungen auszubauen. Denn klar ist: Letztlich geht es dabei um den Kontakt mit dem eigenen Innersten, mit der inneren Führung, mit dem Bauchgefühl und mit allem, was so dazugehört. Freie Zeit und Ruhe sind eigentlich die optimalen Voraussetzungen, um tiefer ins eigene Innere vorzudringen.

So machte ich mich nun auf, mein Selbstwertgefühl wiederzufinden. Ich hielt nach positiven Gelegenheiten und Zeichen Ausschau – und die ersten taten sich in Kürze auf. Beispielsweise engagierte ich mich in mehreren sozialen Projekten:

Zuallererst ließ ich mich als Hospizhelferin ausbilden. Die Ausbildung dauerte zwei Jahre und wurde von der Einrichtung bezahlt, wenn ich mich verpflichtete, anschließend ein Jahr im Hospiz zu arbeiten.

Gleichzeitig fing ich in der Freiwilligenagentur BüroAktiv als Beraterin an. Hier arbeitete ich mit dem Arbeitsamt zusammen, hielt kleine Vorträge, erzählte von meinen Erfahrungen und beriet die Leute, wie sie ehrenamtlich tätig werden könnten.

Auf die Frage eines Arbeitssuchenden: »Was habe ich davon?«, konnte ich damals nur erwidern, dass es auf einen persönlichen Versuch ankäme. Man müsse den ungeheuren Nutzen selbst erleben, dann erübrige sich die Frage.

Mittlerweile fallen mir viele gute Antworten und viele noch bessere Gründe für ehrenamtliche Tätigkeiten ein, sodass ihnen in diesem Buch ein ganzes Kapitel gewidmet ist.

Aber auch damals schon schwappte meine Begeisterung für einen ehrenamtlichen Einsatz meistens über, denn ich war eine Betroffene, die aktiv erfahren hatte, dass diese Arbeit viel mehr Zufriedenheit, Glücksgefühl und Wohlbefinden bringt als alles Geld der Welt! Bis heute bin ich rundum zufrieden, wenn mir ein Mensch sein »Danke schön!« entgegenbringt und wenn ich weiß, dass er nur durch meinen Einsatz so glücklich geworden ist.

Freizeitangebote gibt es übrigens zuhauf. Viele kosten keinen Eintritt und sind mindestens genauso künstlerisch, kreativ und erfüllend wie die kostenintensiven. Im Frankfurter Raum fallen mir spontan ein:

- Regelmäßige Orgelkonzerte in der Katharinen- und Leonardikirche
- Preiswerte Konzerte im Konservatorium
- Jeden Donnerstag Mittagstisch für alle in der Lutherkirche zu 1,50 Euro (wer kann)
- Jeden Abend um 19 Uhr kostenloses Abendessen bei Universelles Leben, Borsigallee

Was mich persönlich seit meiner Entlassung jedoch vor allem begeistert und anspornt, sind die vielen Begegnungen mit Gleichgesinnten.

Plötzlich kam ich in Kontakt mit äußerst interessanten Menschen. Lernte ihre Geschichten und Fähigkeiten kennen. Spürte, wie schwach viele sind und wie stark ich sein kann, wie gut ich andere wieder aufbauen und motivieren kann. Ich hatte schon manches »erfahren«, während sie noch auf der Suche nach Glauben und Vertrauen waren.

Mit der Zeit wurde ich immer mutiger. Ich durchschaute die Zusammenhänge und sah ganz klar, wie einfach alles ist.

Mit diesem Buch möchte ich allen »Hartzlingen«, jungen Senior/-innen, Outgesourcten und anderen Betroffenen und Suchenden Mut machen, sich selbst zu finden und dabei trotz Arbeitslosigkeit glücklich zu sein.

Dass womöglich genau dann wieder vermehrt Jobangebote auf dich zukommen, ist quasi eine Art Zugabe und Nebenwirkung, um die es in diesem Buch aber nur am Rande geht. Denn die Jobangebote trudeln ganz automatisch ein, je mehr du in deine Kraft kommst. Dazu muss man kein Buch mehr schreiben; das passiert von alleine. Wir möchten dich bis dorthin begleiten, bis zu dem Zustand, »arbeitslos glücklich« zu sein und dich selbst neu zu entdecken. Der weitere Weg ergibt sich von ganz allein.

Schock verdauen – bloß nicht zu lange

Wenn du aus einem aktiven Leben in ein passives geworfen wirst – durch eine Kündigung oder wodurch auch immer –, dann ist es von hier aus leichter, nach einer kleinen Pause eine neue Tätigkeit aufzunehmen (nämlich dein erfüllendes, Mut machendes ehrenamtliches Hobby), als aus einem passiven Leben heraus wieder aktiv zu werden.

Wenn du erst mal zum »Sesselpupser«, der nicht mehr hochkommt, geworden bist, ist es anstrengender, wieder die nötige Energie aufzubringen. Warum? Weil wir Menschen Gewohnheitstiere sind. Ist das Sesselhocken erst mal zum Alltag geworden, kostet es viel mehr Überwindung, wieder eine neue, aktivere Gewohnheit zu installieren.

Stell es dir so vor: Es gibt immer zwei Parteien in uns. Die eine Partei heißt ISP – »Innere Schweinehund Partei« – und die andere KLP – »Kraftvoller Lebenswille Partei«. Welche Partei gewinnt? Wie im echten Leben: die mit der Mehrheit. Da geht es streng demokratisch zu.

Dazu sollte man wissen, dass wir Menschen zu 90 Prozent automatisch funktionieren. Das ist auch gut so, sonst müssten wir jeden Morgen neu darüber nachdenken, wie man zum Bad gelangt, welche Hand man wie heben und wie die Finger biegen muss, um nach der Zahnbürste zu greifen. All diese Dinge laufen jedoch auf Automatik. Und noch viel mehr.

Wenn ich üblicherweise aufrecht und mit einem strahlenden Lächeln durch die Gegend spaziere, wird mein innerer Automatismus das auch an einem Tag praktizieren, an dem mal nicht alles so glorreich flutscht.

Wenn jedoch mein Selbstwertgefühl einen Einbruch erleidet, weil mir beispielsweise gekündigt wird und ich deshalb schlaff und deprimiert in mir zusammensinke, dann ist es ratsam, innerhalb der ersten zwei Wochen wieder aufzustehen und mir mit Elan mein Leben neu einzurichten. Aber wehe, es verstreichen drei, vier oder gar fünf Wochen: Dann hat sich ein neuer Automatismus gebildet. Und um dann wieder aus dem Sessel hochzukommen, brauche ich mindestens vier Wochen täglicher Willensanstrengung, um den hinderlichen Automatismus zu ändern.

Je mehr du also die »Innere Schweinehund Partei« nährst und fütterst, desto stärker wird sie. Wenn du jedoch trotz allem täglich etwas für die »Kraftvoller Lebenswille Partei« tust – und mag es auf den ersten Blick noch so unsinnig erscheinen –, sorgst du dafür, dass deine KLP weniger Sitze an die ISP abgeben muss.

Nehmen wir mal an, du hättest in der Vergangenheit überwiegend die ISP gewählt. Dann ist es wahrscheinlich, dass es die ganze Welt auf dich abgesehen hat und dass dich alle ärgern wollen. Wieso?

Weil dir so langweilig ist, dass du lieber leidest, als gar nichts mehr zu spüren. Wenn die ISP das Sagen hat, erschafft sie dir haufenweise Probleme, Hindernisse und schmerzhafte Erfahrungen der unterschiedlichsten Art.

Dieses Verhalten kann man sogar bei Ratten beobachten: Setzt man sie zusammen in einen Käfig und beschäftigt sie mit irgendwas, dann geht es ihnen gut. Doch wenn man sie einsperrt und sie absolut nichts zu tun haben, dann fangen sie an, sich gegenseitig zu beißen. Lieber Schmerzen als Langeweile.

Selbst bei Kindern, die sich langweilen, gilt: Lieber hauen sie sich gegenseitig und ziehen sich an den Haaren, als dass sie sich einfach nur langweilen.

Und Erwachsene kloppen sich symbolisch, verbal oder durch allerlei Gemeinheiten mit Nachbarn, Freunden, Verwandten und wer einem auch immer einfällt. Aus genau dem gleichen Grund: Lieber leiden als gar nichts mehr fühlen.

Solltest du also an diesem Punkt gelandet sein, besteht der erste Schritt darin, dich selbst mit kleinen positiven Dingen zu beschäftigen.

- ❧ Erstens fütterst du damit die KLP und entziehst der ISP Stimmen.
- ❧ Zweitens formst du wünschenswerte Automatismen.
- ❧ Drittens hört das Muster »Lieber Leiden als Langeweile« auf. Wenn dir nicht langweilig ist, brauchst du auch nicht zu leiden.

Beispiele

🌢 Zeiten der Ruhe kann man sinnvoll nutzen: zum Ausmisten und Aufräumen. Falls es bei dir nichts aufzuräumen gibt, frag andere, ob du für sie Keller, Garage etc. in Ordnung bringen kannst. Das äußere Aufräumen räumt auch in deinen Emotionen auf. Oder reinige den Stadtpark, indem du Müll aufliest: Eine leere Zigarettenschachtel pro Tag vom Boden aufzuheben ist besser als keine. Eine Stimme mehr für die KLP und eine weniger für die ISP. Es kommt am Anfang nicht auf die Menge an, die du tust. Es kommt nur darauf an, etwas zu tun und es zur Gewohnheit werden zu lassen.

🌢 Bücher mit sinnvollen Inhalten lesen, anstatt sich durch TV-Shows zu zappen. Wenn du dich nicht traust, den Fernseher gleich ganz rauszuschmeißen, gib ihm vier Wochen Urlaub und stell ihn bei Freunden unter. Du machst es dir leichter, neue Lebensinhalte zu finden, wenn kein TV im Haus ist. In den USA gibt es eine ganze Bewegung von Leuten, die komplett ohne Geld leben. Dazu ist Kreativität vonnöten. Vom Sessel aus geht das nicht.

🌢 Die meisten Supermärkte werfen jeden Abend nicht verkauftes und leicht schrumpeliges Gemüse weg. Da kann man mit dem Filialleiter sprechen und sich abends etwas abholen, das ansonsten in der Mülltonne landen würde. Wenigstens die Hälfte davon kann man noch gut verwenden. Manche Filialen rücken auch Lebensmittel mit überschrittenem Mindesthaltbarkeitsdatum heraus. Nicht alles, was abgelaufen ist, ist ungenießbar. Von Fleisch oder Milchprodukten über dem Verbrauchsdatum sollte man die Finger lassen. Aber abgelaufener Honig oder abgelaufenes Mineralwasser? Da kann nichts schlecht sein.

Wenn man aufs Land fährt und bei den Bauern fragt, gibt es auch immer unverkäufliche Reste. Flohmärkte kurz vor Schluss zu besuchen kann ergiebig sein. In vielen Städten gibt es Geschenkläden. Du könntest mitarbeiten.

Wo du solche Läden im Web findest:
http://de.groups.yahoo.com/group/freecycle-frankfurt
www.bambali.net
www.bimply.de
www.dhd24.com
www.exxchange.de
www.fahrzeug-tauschen.de
www.kijiji.de
www.kostenlos-tauschen.com
www.swapandwin.com
www.tokonline.de

Wie es weiterging

Nachdem ich mich in meinem »Leben nach der Entlassung« schließlich selbst auf den Weg gemacht hatte, öffneten sich plötzlich sämtliche Himmelstüren wie von selbst und ich entdeckte das Universum als neue Versorgungsquelle für mich.

Das Auto wurde als erster Luxusfaktor abgeschafft. Wenn allerdings ein Alltagsgegenstand wie Staubsauger, Küchenherd, Balkonmöbel etc. kaputtgingen, war das schon ärgerlich. Auf diese Dinge konnte ich schließlich nicht verzichten. Aber wie gesagt: Ich hatte das Universum entdeckt. Ich brauchte nur die Bestellung beim Universum aufzugeben, und in kürzester Zeit erhielt ich von irgendwoher genau den gewünschten Artikel geschenkt! Rückblickend kann ich sagen: Die universelle Versorgung fing zu funktionieren an, als ich aufhörte, den inneren Schweinehund mit Selbstmitleid zu füttern, und stattdessen Stück für Stück Kleinigkeiten anging, um meine Lebensfreude wieder zu heben. Dann ergaben sich immer mehr glückliche Umstände:

❧ Ein Freund bot sich an, mir beim Renovieren meiner Wohnung zu helfen. Als Gegenleistung nahm er an meinen öffentlichen Meditationsangeboten teil.

- Mein Sohn Kay kaufte Lebensmittel für mich ein – als Gegenleistung für Hemdenwaschen und Gartenarbeit.
- Der Frankfurter Verband erstattete Fahrtkosten der ehrenamtlichen Einsätze, obwohl ich meinen dortigen Einsatz mit dem Fahrrad absolvierte.

Mein Vertrauen in das Leben wurde dadurch Stück für Stück gestärkt und meine Kreativität angekurbelt. Mir fielen immer mehr Dinge ein, die ich tun konnte:

- Ich schrieb und lektorierte Bücher meines Zen-Lehrers. Als Entgelt durfte ich nach Herzenslust Zen-Seshins (Seshin = Meditations- und Schweigeretreat) und andere wunderbare spirituelle Seminare in seinem Zentrum besuchen.
- Im Domicilium, einem Hospiz im Mangfalltal, besuchte ich diverse spirituelle Seminare. Als Gegenleistung kochte ich und half in Haus und Garten.
- Mein Einsatz beim Holzhacken und -sägen wurde in einem Zen-Kloster im Schwarzwald wohlwollend angenommen und mit einer kostengünstigen Teilnahmegebühr honoriert.
- Im Frankfurter Ring bot sich die Gelegenheit, bewusstseinserweiternde Seminare und Ausbildungen zu besuchen, während ich internationale Referenten und Seminarleiterinnen betreute.
- Immer wenn das Geld knapp wurde, bestellte ich eine

neue Geldspritze beim Universum – die prompt gelie-
fert wurde.

❥ Als ich einmal besonders knapp bei Kasse war,
erreichte mich der Hilferuf eines Bekannten (seit 10
Jahren keinen Kontakt), der vorübergehend, aber
dafür ganz dringend eine Sekretärin für seine Kanzlei
suchte. Klar, dass ich zugriff.

Meine finanziellen Probleme waren somit zunächst
einmal gelöst.

Nun wurde ich übermütig, probierte diverse Neubestel-
lungen aus. Besonders wichtig waren mir bei meinen
Experimenten mit dem Universum die präzise und
genaue Bestellangabe wie Artikelnummer, Bestellgröße,
Zahlungsart und Auslieferungsdatum.

Nachdem ich allerdings völlig unvorhergesehen in einem
verschlossenen Umschlag ganze 3000 Euro von meiner
lieben Zen-Weggefährtin einfach so geschenkt erhielt,
war ich von der Funktionalität des universellen Lieferservice endgültig überzeugt. Demütig nahm ich das Geld
und legte es erst einmal als Sicherheit auf die Bank.

Bei all diesen Ereignissen wuchs mein Selbstwertgefühl zusehends. Und das kostbare, nur positive Feedback
meiner unterschiedlichen Einsätze stärkte mich zuneh-
mend, machte mich immer unverletzbarer.

Über Langeweile konnte ich mich wirklich nicht mehr
beklagen, obwohl ich gerade in den ersten Monaten

immer wieder unter der großen Angst gelitten hatte, wie ich meinen »nicht mehr beruflichen« Alltag künftig gestalten sollte.

Die tägliche Herausforderung, mein Leben neu zu strukturieren und diszipliniert einzuteilen, verlangte von mir, alte Wege zu verlassen und mich zu neuen Ufern aufzumachen.

Aber die Übung gelang. Stück für Stück mutierte ich vom passiven Sesselpupser zur glücklichen Arbeitslosen.

Seither heißt meine Devise: »Luxuspuppe, das Leben liebt dich! Schau dich genau um, damit du erkennst, wo's weitergeht!«

Solange ich das tue und innerlich wach und aufmerksam bleibe, habe und bekomme ich alles. Nach den anfänglichen Depressionen fühle ich mich inzwischen wie eine Privilegierte, denn ich durfte lernen, wie viele Wunder und sogar Luxus das Leben für mich bereit hält, wenn ich nur richtig hinsehe. Ich bin sicher, *das Leben ist dazu gedacht, dass wir es feiern!* Nie hätte ich gedacht, dass meine Arbeitslosigkeit so positive Effekte entfalten könnte.

Ich brauche nur an die Seminare zu denken, die ich seitdem kostenlos besucht habe. Wenn ich sie alle mit Geld hätte bezahlen müssen, mein lieber Scholli ...! Da hätte ich richtig super verdienen müssen. Und so viel Urlaub hätte ich sowieso nie im Leben bekommen. Ich bin eben eine Luxuspuppe, sag ich's doch.

Ehrenamtliche Tätigkeiten – was habe ich davon?

Wer sich engagiert, unterstützt nicht nur andere: Ehrenamtlich aktiv sein kann neue Erfahrungen und damit Pluspunkte bei der späteren Jobsuche bringen, aber vor allem stärkt es nachweislich das eigene Wohlbefinden. Ich habe mich ein wenig umgehört und eine Fülle von Hinweisen auf die gesundheitlichen und emotionalen Vorteile von ehrenamtlichen Tätigkeiten gefunden:

- »Helfen ist gesund!« Auf diese kurze Formel kann man das Studienergebnis von John Wilson und Marc Musick bringen. Die US-Medizinsoziologen fanden heraus, dass die starke Vernetzung mit anderen Menschen negativen Stress reduziere, wie die erste Ausgabe der Gesundheitszeitschrift »Healthy Living« berichtete. Jeder Geber wird damit letztendlich zum Beschenkten.

- Diplom-Psychologin Julia Scharnhorst rät: »Anderen Menschen zu helfen, verhindert Einsamkeit und Isolation, erhöht die eigene Lebensfreude und das Glück. Sozial Engagierte fühlen sich gebraucht und verstehen sich als einen nützlichen Teil der Gesellschaft. So wird ihre Stimmung positiv beeinflusst. Alle Faktoren, die das Gefühl von Gemeinsamkeit, Zugehörigkeit und menschlicher Nähe fördern, wirken sich positiv auf die Psyche aus und haben sogar krankheitsvorbeugende und heilende Wirkung ... Für Gesundheit und Wohlbefinden ist es wichtig, in soziale Netze eingebunden zu sein. Dabei geht es darum, selber Zuwendung zu erfahren und anderen Menschen zu helfen. Durch die so erreichte Zufriedenheit und Ausgeglichenheit kommt es zu einer Endorphin-Ausschüttung im Körper. Diese Glückshormone aktivieren das Immunsystem und stärken das Wohlbefinden« (21.8.2007, www.presse.talcid.de).

- In der Zeitschrift »Psychosoziale Umschau«, Ausgabe 3/2007, berichtet Inge Schöck über ihre Erfahrungen in der Psychiatrie: »Helfen macht gesünder. Bürgerhilfe und Selbsthilfe in der Psychiatrie.« Wirtschaftswissenschaftler nennen das Phänomen, dass es »kein Geld, aber viel Dankbarkeit« gibt, ein »Win-Win-Modell«, also eine Situation, von der beide Seiten profitieren.

- Der amerikanische Gesundheitsexperte Allan Luks spricht dem Helfen sogar heilende Kraft zu: In seinen Studien mit 3500 Freizeithelfern stieß Luks auf das »Helper's High« – ein Hochgefühl, das sich als wohlige Wärme im Körper bemerkbar macht. Diese körpereigene »Helferdroge« in Form von Endorphinen spornt das Immunsystem an und hilft, Krankheiten abzuwehren oder zu lindern.

- Nach Ansicht der US-Forscher haben Helfer eine um 60 Prozent höhere Chance auf ein langes Leben im Vergleich zu Menschen, die keinem Ehrenamt nachgehen; somit hätte das Engagement für die Gemeinschaft auch einen persönlichen Nutzen (aus: »Healthy Living«, s.o.).

Eine Untersuchung des Bundesministeriums für Familie, Senioren, Frauen und Jugend hat ergeben, dass sich rund 22 Millionen Menschen in unserem Land ehrenamtlich engagieren – das heißt bei 66 Millionen erwachsener Bundesbürger: Jeder dritte Bürger über 14 Jahren übernimmt freiwillig eine Aufgabe, ohne dafür bezahlt zu werden.
Im Lauf der Zeit hat das Ehrenamt eine Wandlung erfahren. Standen früher mehr die altruistischen Motive – wie »etwas für das Allgemeinwohl tun«, »anderen Menschen helfen wollen« – im Vordergrund, so ist man heute der Meinung, dass Ehrenamt vor allem auch Spaß machen muss. Man tut es nicht nur für andere, sondern ebenso für sich selbst.

- Ehrenamtliches Engagement bietet nicht nur die Möglichkeit, seine freie Zeit sinnvoll zu gestalten und

Menschen kennenzulernen, sondern auch die Chance, sich persönlich weiterzuentwickeln. So berichten viele Menschen, dass ihnen ihre ehrenamtliche Tätigkeit bei der Überwindung einer Lebenskrise geholfen hat.

Mit Hans-Jochen Vogel ehrte die Stiftung »Solidarität« einen nachdrücklichen Mahner für soziale Verantwortung und Gerechtigkeit. Es gelte die Entwicklung hin zu einer Gesellschaft zu verhindern, »die den Wert eines Menschen nur noch nach seinem ökonomischen Erfolg misst und es hinnimmt, dass der DAX jeweils parallel zur Arbeitslosigkeit steigt und wie diese immer neue Rekordmarken erreicht« [aus der ersten Straßenzeitung »BISS«, dem ältesten (1993) deutschen Obdachlosenprojekt].

♦ Nicht nur bei Kienbaum legt man Wert auf die soziale Ader der Mitarbeiter. In ihrer »High-Potential-Studie 2005« fand die Beratung heraus, dass für knapp 80 Prozent aller Unternehmen das soziale Engagement von Top-Nachwuchskräften wichtig bis unabdingbar ist. Es sind vor allem Großunternehmen wie Eon, Kraft, Audi oder die Deutsche Bahn, die neben fachlicher Exzellenz auch auf den menschlichen Faktor achten.

♦ »Von den 6.000 Bewerbungen, die wir jedes Jahr bekommen, erfüllt ein Großteil die Basiskriterien wie Praktika oder Auslandsaufenthalte«, sagt Miriam Kraneis, Recruiting Managerin bei der Unternehmensberatung Booz Allen Hamilton. »Da braucht es andere Pluspunkte, um aus der Masse hervorzustechen – zum Beispiel soziales Engagement« (aus: »karriere.de«).

❥ Tue Gutes und rede darüber – das gilt nicht nur für Promis, sondern auch für Bewerber. Denn Arbeitgeber finden soziales Engagement im Lebenslauf klasse. (Britta Domke, in: »karriere.de«, 1.7.2007)

❥ »Unter Studenten gilt es mittlerweile als Karrierevorteil, sich sozial zu engagieren«, weiß Lars Fischer vom Hochschul-Informations-System (HIS), Autor einer Studie über studentisches Engagement.

Ehrenamtlich tätig zu werden hat somit nichts Minderwertiges, das nur Mittellose und Arbeitslose tun, die keine andere Wahl haben, um tätig zu werden. Es wird mehr und mehr zu einem normalen und hoch angesehenen gesellschaftlichen Faktor.

Adressen zum Finden von Ehrenamtseinsätzen im Internet:
bueroaktiv@buergerinstitut-ffm.de
www.50plus.at/solidaritaet/soziales-engagement.htm
www.aktivoli.de/aufdraht (für Hamburg)

www.bagfa.de

www.das-buergernetz.de (Nachrichten und Engage-
mentbörsen im Internet, moderne Zugänge zu Zeitspen-
den, Geldspenden, Sachspenden etc.)

www.engagement-macht-stark.de

www.engagiert-in-deutschland.de (interaktives Portal
des bürgerschaftlichen Engagements in Deutschland)

www.gemeinsam-aktiv.de

www.karriere.de

www.tatendrang.de (für München)

Selbstbewusstsein durch Ehrenämter – das bietet dir kein Job

Abgesehen von den gesundheitlichen Vorteilen, gibt es noch ganz andere. Ehrenamtliche Tätigkeiten können unendlich befriedigend und erfüllend sein; sie können das Selbstbewusstsein auf völlig neue Weise bilden und stärken.

Durch die Entlassung war mein Selbstbewusstsein erst mal total zerstört. Ich war emotional am Boden und sah keine Lösung. Die ehrenamtlichen Tätigkeiten haben mein Selbstbewusstsein jedoch wieder neu aufgebaut und ihm noch einen ordentlichen Schub dazu verliehen.

Wann kann ich schon im Job sagen, was ich für richtig halte, ohne dabei ein Blatt vor den Mund zu nehmen? Ist es nicht so, dass man sich als Angestellter oft nicht traut, die eigene Wahrheit zu äußern? Schließlich steht der Job auf dem Spiel. Dann lieber kuschen und nichts sagen.

Brauchst du alles nicht, wenn du ehrenamtlich arbeitest. Da kannst du völlig befreit Klartext reden, wenn sich etwas unstimmig anfühlt.

Das muss man allerdings auch erst lernen. Selbst wenn nichts auf dem Spiel steht, ist es nicht so einfach, für sich selbst einzustehen. Erst mal wirken noch die alten Muster und Gewohnheiten von früher nach: Ich hab doch hier nichts zu sagen; der Chef wird es schon wissen.

Aber dieses Blatt wendet sich Stückchen für Stückchen, je mehr ehrenamtliche Einsätze du hinter dir hast. Und irgendwann stellst du fest: Du hast gelernt, deiner Wahrheit Ausdruck zu verleihen; du hast gelernt, zu dir zu stehen und dafür zu sorgen, dass man dir mit Achtung und Respekt begegnet.

Wow, was für ein Gefühl! Da steigen auch sofort die Selbstachtung und das Selbstwertgefühl um einiges an. Du bist stolz auf dich selbst. Morgens im Spiegel lächelst du dich an und klopfst dir als Erstes selbst auf die Schulter: »Gut gemacht, meine Liebe (mein Lieber). Du hast es doch noch gelernt, auf dich selbst aufzupassen. Ganz große Klasse, super!«

Ein Beispiel meiner vielen Erfahrungen:

- Eine meiner großen Leidenschaften war schon immer das Lesen. Außerdem bekam ich häufig das Feedback, wie positiv und wohltuend meine Persönlichkeit, vor allem jedoch meine Stimme wirke. Ich wollte daher meine Leseleidenschaft unbedingt intensiv ausbauen. Die Nachfrage in der Stadtteilbücherei ergab jedoch, dass man als »Vorleserin« eine Ausbildung braucht. Den Hinweis, wo ich eine solche absolvieren könnte, erhielt ich direkt in der Bücherei und setzte ihn zeitnah in die Tat um.
- Initiiert und bezahlt wurde die Vorlese-Ausbildung

von einer Freiwilligenagentur der AWO. Mich hat das Ganze nichts gekostet, aber ich hatte den offiziellen Schein, der in unserem Land unumgänglich ist, wenn man öffentlich aktiv werden möchte. Also alles paletti. Und so begann ich bei den unterschiedlichsten Gelegenheiten vorzulesen, und auch wenn ich ehrenamtlich tätig war, gab es doch eine Reihe von wundervollen Energierückflüssen:

➤ Für das Vorlesen in der Kinder- und Jugendbibliothek der Stadt erhielt ich als Honorar einen Bibliotheksausweis, mit dem ich nun in sämtlichen Bibliotheken kostenlos Bücher ausleihen konnte!

➤ Mein nächster Einsatz bildete das »Auflesen von Büchern und Zeitschriften« für Blinde. Das heißt, ich ging in ein Aufnahmestudio, wo Tonaufnahmen für sehbehinderte Menschen entstanden. Dabei erhielt ich gratis eine ganz wunderbare zusätzliche Sprecher-Ausbildung in einem professionellen Studio mit technischem Equipment vom Feinsten!

Irgendwann stellte man mir dann auch die Ausrüstung (Mikro und Aufnahmeprogramm) zur Verfügung, um zu Hause weiterzuarbeiten. Wenn ich nachts nicht schlafen konnte, setzte ich mich an meinen Computer und sprach mit großem Spaß Hörbücher auf.

Hier kam es dann zu einer herausfordernden Situation, in der ich üben durfte, zu mir und meinen Bedürfnissen zu stehen:

Ich sprach aktuelle Zeitschriftenausgaben, Veranstaltungskalender und auch eine Kirchenzeitung für Blinde auf Tonträger auf. Dabei gab es allerdings ein Problem: Obwohl viele Blätter nur monatlich oder zweiwöchentlich erschienen, erhielt ich die Texte erst am Abend des einen Tages und sollte die Aufnahmen am anderen Morgen fertig haben. Das bedeutete unweigerlich Nachtarbeit.

Zusätzlich leitete ich regelmäßige Zen-Abende, und diese Termine kollidierten oft ebenfalls mit den Aufsprechterminen. Die Nächte wurden immer länger. Das wurde mir schließlich zu anstrengend. So eine Arbeitsweise geht einfach an die Substanz.

Also sprach ich mit dem Pfarrer, von dem ich die Texte erhielt. Ich bat ihn, mir die Texte ein bis zwei Tage früher zu besorgen, sodass ich das Aufsprechen tagsüber erledigen konnte. Bei einem Monatsmagazin ist es sicher zu bewerkstelligen, dass ich die Texte früher erhalte. Ich brauche sie ja nicht im fertigen Layout, nicht einmal das Schlusslektorat mit allen Komma-Korrekturen wäre nötig. Da müsste es ein Leichtes sein, mir die Tag- statt Nachtarbeit zu ermöglichen.

Warum auch immer – ich bekam die Texte weiterhin genauso spät. Als ich dem Pfarrer mitteilte, dass ich das Prozedere nun wirklich nicht mehr mitmachen würde, sagte er mir glatt: »Das können Sie doch gar nicht mit

Ihrem Gewissen vereinbaren, dass Sie die Blinden so im Stich lassen.«

Ich halte sein »Argument« für Amtsmissbrauch: Mir Schuldgefühle einreden zu wollen, weil es mir an die Substanz geht, ständig Nachtarbeit zu machen. Er hat offenbar kein schlechtes Gewissen dabei, mich auszunutzen, anstatt mir die Texte wenigstens einen Tag vorher zu besorgen.

Was tut ein Angestellter, der Angst vor Jobverlust hat? Er duckt sich, geht verängstigt nach Hause und macht mit Magendrücken weiterhin Nachtarbeit.

Das musst du dir als ehrenamtliche Kraft nicht gefallen lassen. Und so habe ich dem Herrn Pfarrer freundlich, aber klar Lebewohl gesagt. Zwar hat mir das Aufsprechen der Texte viel Spaß gemacht – aber nicht um jeden Preis.

Du *musst nichts* als ehrenamtliche Kraft. Das ist eines der großen Geschenke.

Du kannst dich selbst erproben.

Du kannst dich selbst neu kennenlernen.

Du kannst verschiedene Traumjobs ausprobieren.

Du kannst deine Berufung finden.

Du kannst Erfüllung in deiner Tätigkeit finden.

Du bist völlig frei dabei.

Du bist dein eigener Chef und kannst viele Tätigkeiten nach deinen Vorstellungen frei gestalten. Wer will es dir verbieten?

Du sammelst wertvolle Erfahrungen.

Es besteht nur eine »Gefahr«: Dein Lebenslauf wird mit jeder ehrenamtlichen Tätigkeit interessanter, du sammelst breit gefächerte Erfahrungen, wenn du willst. Die Qualifikationen nehmen immer mehr zu.

Irgendwann könnte das einer merken und dir doch wieder einen bezahlten Job anbieten. Schau mich an: Ich bin inzwischen über 60 – und da kommt nun eine Bestsellerautorin daher und verlockt mich zum bezahlten Schreiben und Vorträgehalten. Damit habe ich doch gar nicht mehr gerechnet.

Das Leben ist voller Wunder und Überraschungen – aber nicht für Sesselpupser, so viel ist klar.

Dankbarkeit ist emotionaler Treibstoff

Zu meinen vielen ehrenamtlichen Tätigkeiten gehörte lange Zeit die Arbeit im Hospiz (Pflege von Kranken, Sterbebegleitung). Dazu ist eine zweijährige Ausbildung nötig. Manche Hospize bieten sie gegen die Verpflichtung an, hinterher für ein Jahr dort auch wirklich ehrenamtlich tätig zu werden. Nach dieser Zeit könnte man sich als bezahlte Kraft in Hospizen bewerben. Das lag jedoch nicht in meiner Absicht. Ich wollte »nur« etwas Nützliches mit meiner Zeit anfangen und dabei anderen helfen, aber nicht in Vollzeit.

Als »Ehrenämtlerin« bekam ich immer einen Patienten zugeteilt und konnte selbst bestimmen, wann und wie viel ich mich um ihn kümmerte. Richtig stolz war ich dabei auf mich selbst und meinen selbstlosen Einsatz zum Wohl der armen Todkranken ...

Das wurde mir jedoch eines Tages von meinem damaligen Patienten gründlich ausgetrieben. Der Mann lag im Sterben, und ich versuchte, ihm Erleichterung mit einer Fußreflexzonenmassage zu verschaffen, durch die er wieder etwas Leben in seinen Fußsohlen spürte. Ich sagte ihm, dass ich ihn verstehen würde und seine Schmerzen gut nachvollziehen könne, als er mich zu meiner Verwunderung anschrie: »Schwachsinn! Du kannst mich überhaupt nicht verstehen! Keiner kann des anderen Schmerzen fühlen oder gar verstehen! Es sind immer nur die eigenen ureigensten Ängste, die man ganz alleine fühlt!«

Zunächst war ich völlig vor den Kopf gestoßen. Doch in vielen Gesprächen mit ihm begriff ich schließlich, dass ich unter dem Helfersyndrom litt und in Wirklichkeit aus purem Eigennutz handelte.

Im Lauf dieser Auseinandersetzung gestand ich mir schließlich klar ein, dass ich die Arbeit im Hospiz nicht vorwiegend machte, um den anderen zu helfen, sondern weil ich in meinem verwundeten Stolz und Selbstwertgefühl geradezu danach lechzte, das Gefühl des Gebrauchtwerdens zu erfahren.

Von wegen selbstlos – das stimmte einfach nicht. Durch diesen Patienten durfte ich es erkennen. Das war ein großes Geschenk, denn meine Dankbarkeit ist dadurch noch einmal immens gewachsen.

Die Dankbarkeit ist mein höchster Lohn, aber erst jetzt konnte ich erkennen: Ich darf genauso dankbar sein für das, was ich mit diesen Patienten erlebe, und dafür, dass sie mir erlauben, sie ein Stück auf ihrem letzten Weg zu begleiten.

Meine nächsten Erlebnisse im Hospiz gewannen dadurch eine neue Dimension hinzu. Denn statt mich auf dem hohen Ross der Selbstlosigkeit zu sonnen, konnte ich mich voll und ganz für das Geschenk des Augenblicks öffnen. Was dadurch alles geschehen durfte, ist jenseits von Worten. Ich versuche es trotzdem und bitte um Verständnis, dass es nur unvollkommen gelingen kann.

Die Sterbende, die nicht sterben konnte

Eine der mir im Hospiz zugewiesenen Todkranken konnte und wollte nicht sterben, weil sie Angst hatte, in die Hölle zu kommen. Sie war etwas über 60 Jahre alt und seit ihrem 18. Lebensjahr schwer krank und Schmerzpatientin. Ihr Leben war ein einziges Leiden gewesen. Unter Tränen sagte sie mir immer wieder: »Ich war kein guter Mensch, ich bin sicher, ich komme in die Hölle.« Behutsam fragte ich sie, wie die Hölle denn für sie aussähe.

Nun, eben so, wie die katholische Kirche es lehrt: voller Schmerzen und Leid. Sie hatte unendliche Angst davor. Ihr Leben lang sei sie sehr gläubig gewesen. Die katholische Kirche lehre, dass man nach dem Leben in der Hölle für seine Sünden bestraft werde. Sie hatte schon ein Leben lang so viel gelitten, und nun hatte sie das Gefühl, keine Kraft mehr zu haben, noch mehr und noch Schlimmeres zu ertragen. Deshalb hatte sie solche Angst vor dem Tod.

Was konnte ich dieser Frau sagen? Ich bat den Himmel um Beistand, mir die richtigen Worte einzugeben, denn ich wünschte ihr wirklich aus meinem tiefsten Inneren ein friedliches, vertrauensvolles Sterben.

Ich gab ihr zu verstehen, ich sei von Herzen sicher, dass es keinen strafenden Gott gibt. Den bilden wir uns nur ein, aus Unverstand gegenüber der unendlichen Liebe Gottes. Sie habe doch schon ihr ganzes Leben lang gelitten, noch schlimmer könne es gar nicht werden. Sie habe die Hölle auf Erden längst durchlebt. Nun sei die Zeit für Erlösung gekommen, nicht für Strafe.

»Überlegen Sie mal logisch: Was müssen Sie getan haben, damit Sie so leiden? Sie haben ja gar nicht gelebt, sondern seit dem 18. Lebensjahr nur gelitten. Alle Sünden sind durch so ein Leben längst abgegolten. Der Tod kann nur schöner werden.«

Stunde für Stunde änderte sich spürbar die Energie in ihrem Krankenzimmer.

Irgendwann nahm ihre Angst wieder zu, denn sie sah Schatten im Raum und war voller Angst vor der Höllenstrafe, die sie vermeintlich nach ihrem Sterben »drüben« erwartete.

Ich habe mit ihr Atemübungen gemacht, ihre Hand gehalten, wenn sie wollte, ihre Stirn abgewischt, mit ihr gesungen und mit ihr gebetet.

Immer wieder sah und fühlte sie die Schatten im Raum.

Plötzlich begann ich sie auch zu spüren. Und nicht viel später konnte ich sie auch sehen, ich konnte es kaum fassen, was ich da sah – vor allem war es viel positiver als erwartet: Wir waren umgeben von Licht und Farben. Es war ein kraftvolles, energetisches Sirren um uns herum. Der Körper der Sterbenden veränderte sich in dieser

Energie sehr schnell, er wurde heller und scheinbar leichter. Auch das Gefühl wurde leichter und der ganze Raum war auf einmal erfüllt mit unfassbaren Wesen und Energien.

Schließlich sah ich es mit ihr: Ich wusste einfach, dass der Tod als Wesen unmittelbar neben mir stand. Aber auch er war nicht bedrohlich. Im Gegenteil, er stand da und gab mir beruhigende Worte ein, damit ich sie ihr weitergeben konnte:

»Ich bin da, hab keine Angst, ich nehme dich mit ins Licht, wenn du es möchtest, wann immer du bereit bist. Möchtest du jetzt mit mir gehen?«

Sie sah den Engel und sie sah den Tod, der so freundlich und behütend seine Präsenz ausstrahlte. Und sie sagte ja, sie wolle mitgehen.

Endlich konnte sie sterben. Am nächsten Morgen hatte sie den Körper verlassen.

Muss ich noch mehr sagen? Etwas so Ergreifendes, Heiliges habe ich in der Bank nie erlebt. Ist der Verlust der Arbeitsstelle jetzt ein Fluch oder nicht vielmehr ein Segen? Was für ein Wunder, dass ich so etwas erleben durfte. Ich bin unendlich dankbar dafür. Und wie recht mein Patient zuvor gehabt hatte: Es ist ein stetes Geben und Nehmen, eine gegenseitige Dankbarkeit und ein Geschenk für beide Seiten.

Ich mach alles – und das sofort

Viele Arbeitslose sehen es als unter ihrer Würde an, eine Arbeit anzunehmen, die nicht ihrer Qualifikation entspricht. Das galt für mich nie. Ich war immer bereit, (fast) alles zu machen und (nahezu) jeden Job sofort zu akzeptieren. Es hat mir nur nichts genutzt, denn mit damals 56 Jahren war ich offenbar zu alt, als dass mir irgendjemand irgendwas angeboten hätte.

Je länger man dann vom Job weg ist, desto mehr sinkt die Qualifikation, denn die Entwicklungen im Beruf gehen weiter – und zwar ohne mich. Da ist man schnell nicht mehr up to date.

Das muss nicht zwangsläufig so sein. Ich kann als Ehrenämtlerin neue Erfahrungen und Qualifikationen erwerben und manchmal sogar den Quereinstieg in einen ganz anderen Beruf schaffen.

Ein »junger Alter«, gerade 60 geworden, stand vor dem Aus. Ich lernte ihn kennen, als er mich nach einem meiner Vorträge beim Bürgerinstitut wegen eines persönlichen Beratungsgesprächs aufsuchte. Zusammen mit der Arbeitsagentur bietet das Bürgerinstitut Vorträge zum Thema sinnvolle Freizeitbeschäftigungen für Langzeitarbeitslose an. Er hatte in jungen Jahren Musik studiert, in dem Bereich aber keine Arbeit gefunden. Nun hatte er sein Leben lang zwar eine gut dotierte Arbeitsstelle gehabt, aber eine, die nicht seinen Neigungen entsprach. Jetzt wurde er gekündigt und fand mit Anfang 60 natürlich nichts Neues.

Er war stark deprimiert. Sein Beruf hatte ihm zwar nie Spaß gemacht, aber ihn zu verlieren war noch schlimmer, da ihm die Finanzsituation Sorgen machte und er vollends untätig zu Hause herumsaß.

Ich habe mich zunächst ausführlich mit ihm unterhalten, um seine Neigungen herauszufinden. Als ich erfuhr, dass er Musik liebt und selbst professionell musiziert, war es ein Leichtes für mich, eine passende Betätigung für ihn zu finden. Auf der Internetseite des Bürgerinstitutes gibt es zahlreiche Angebote für ehrenamtliche Einsätze. Man kann sich in den unterschiedlichsten Tätigkeiten »austoben«.

Ich fand einen Kindergarten, der einen Musiker für gelegentliches Vorspielen und Musikunterricht im Kindergarten suchte. Erst zierte sich der Mann ein bisschen und meinte, schon zu lange von der Musik weg zu sein, aber dann konnte ich ihn doch überreden, mal einen Versuch zu wagen.

Nicht viel später berichtete er mir freudestrahlend, dass er im Kindergarten auf große Resonanz gestoßen sei und nun sogar seine Tätigkeit ausgeweitet habe. Er sei darüber sehr, sehr glücklich.

Er spielt den Kindern vor, gibt ihnen Musikunterricht und stellt gemeinsam mit ihnen einfache Instrumente her. Inzwischen haben sie beispielsweise Pfeifen geschnitzt. Er kann jeweils in der Mittagsbetreuung des Kindergartens zu Mittag essen und bekommt für einige seiner Einsätze sogar eine kleine Bezahlung.

Heute ist er richtig dankbar, dass er als junger Alter nun doch noch seine Liebe zur Musik zum Einsatz bringen kann.

In Kinderhorten oder Schulen hat man als Mann überhaupt gute Chancen: Meistens fehlt es dort gerade an männlichen Bezugspersonen für die Kinder.

❧ So konnte ich einen weiteren Mann durch die Beratung erfolgreich an einen Kinderhort vermitteln, wo er sogleich ein Fußballteam aufstellte. Die Kinder waren begeistert, und er selbst hatte zum Spaß gleich die sportliche Betätigung dazu.

❧ Mit einer Frau, die wie ich als Bankerin gearbeitet hatte, richteten wir in einem Kinderkrankenhaus eine Kinderbibliothek ein. Die »Rollende Bücherstube« bringt Bücher direkt ans Bett der kleinen Patienten. Das hat mit der ursprünglichen Qualifikation dieser Frau natürlich nichts mehr zu tun. Dafür macht es glücklicher: sie und die Kinder.

❧ Im Grüneburgpark haben wir eine Lese-Spielwiese

organisiert. Sie war durch Luftballons und bunte Bänder gekennzeichnet. Hier konnten Kinder kostenlos Bilderbücher (aus der Bibliothek und aus unserem eigenen Fundus) anschauen und sich vorlesen lassen – ein Riesenspaß!

- Wer auch nur eine Portion Organisationstalent hat, kann Mittagstische für Geringverdienende einrichten oder dort mitarbeiten oder beim Verkauf in Eine-Welt-Läden helfen. Oxfam ist ganz ähnlich organisiert wie Eine-Welt-Läden. Die Betreiber dieser Läden nehmen Bücher, Kleider, Spielsachen, Haushaltsgegenstände und vieles mehr an und verkaufen sie ehrenamtlich. Der Erlös geht zu 100 Prozent an soziale Projekte (www.oxfam.de; siehe auch weitere Infos im Anhang).

- Mein Weg zu innovativen Herausforderungen führte mich irgendwann ins Senioren-Internetcafé des Frankfurter Verbandes, das kostengünstiges Surfen und PC-Kurse für Senioren anbietet. Hier gab es endlich einen Weg, meine Computer-Leidenschaft und -Fähigkeit einzubringen. Die ehrenamtliche Tätigkeit am Empfang, als Kursleiterin und Einzel-Tutorin ist spitze! Nicht nur dass es viel Spaß macht, mit anderen Gleichgesinnten zusammenzukommen – es werden sogar Fahrtkosten erstattet, und Mitarbeiter dürfen sämtliche Kurse unentgeltlich besuchen. Auch die Internetnutzung ist für ehrenamtliche Mitarbeiter frei. Was will ich mehr?!

❥ In Bad Vilbel hatte ich als Verkäuferin in einer Buchhandlung sehr großen Erfolg. Dieses Projekt besteht seit Jahren. Wir verkaufen gebrauchte Bücher und spenden den gesamten Erlös für stark Sehbehinderte in Afrika, die eine Augenoperation nicht bezahlen können. Auch hier erhielt ich nur die Fahrtkosten erstattet, konnte aber jedes Buch lesen, das mir gefiel. Außerdem organisierten wir zusammen mit jungen Musikstudenten öffentliche Lesungen, die bald auch Sketche und Ähnliches umfassten.

Arbeitslosen, die sich langweilen oder lediglich im Sessel vor dem Fernseher sitzen, fehlt es an Fantasie. Das Problem ist nie ein Mangel an anderen Möglichkeiten, sondern nur … der behäbige innere Schweinehund.

Luxuspuppe

Wer sich regelmäßig engagiert und bei vielen Projekten mitarbeitet, kann es fast nicht verhindern, hier und da auch bezahlte Tätigkeiten angeboten zu bekommen. Ein Zusatzverdienst ergibt sich früher oder später so gut wie immer – außer man trägt rund um die Uhr eine »Rutscht mir doch alle den Buckel herunter«-Miene oder ein »Lasst mich gefälligst in Ruhe«-Gesicht zur Schau. Alle anderen können es nicht verhindern, dazuzuverdienen.

Diese Erfahrung machte vor fast 100 Jahren auch schon Walter Russell. Er war ein Universalgenie. Auf dem Buchmarkt gibt es eine ganze Palette toller Bücher von ihm (»Das Genie steckt in jedem«, »Vielfalt im Einklang« u.v.m.). Er wurde berühmt und erfolgreich als Maler, Musiker, Bildhauer und Architekt, und das fast völlig ohne Schulbildung, da er mit 9 Jahren die Schule verließ. Mit 13 Jahren verdiente er seinen Lebensunterhalt schon komplett selbst. Er arbeitete unter anderem als Page in einem Hotel.

Unter den Pagen war es üblich, die Hotelgäste höchst zuvorkommend zu bedienen, um ein möglichst großes Trinkgeld einzuheimsen. Der junge Walter machte sich Gedanken über diese Motivation: Er wollte nicht lächeln und höflich sein für Geld; er wollte lächeln und zuvorkommend sein, um den Gästen eine Freude zu machen und dafür zu sorgen, dass sie sich während ihres Hotelaufenthaltes rundherum wohlfühlten. Das ging aber nur, befand er, wenn er auch tatsächlich kein Trinkgeld annehmen würde. Und so lehnte er freundlich, aber bestimmt jedes Trinkgeld ab. Er versicherte den Gästen, dass es ihm eine Freude sei, ihnen zu dienen, und dass er ja sein Gehalt bekäme. Er wolle kein zusätzliches Trinkgeld.

Das verblüffte und beeindruckte viele Gäste zutiefst. Sie wollten mehr erfahren über den Jungen, der mit seinem Herzen bei der Arbeit war. Und so kam es immer wieder vor, dass Gäste ihn aus Freude an seinem Wesen zu sich in Urlaub einluden. Oder sie kauften ihm für zum Teil immense Beträge Gemälde ab, die er in seiner Freizeit malte. Die Beträge überschritten sein Pageneinkommen bei Weitem. All das konnte nur geschehen, weil sein Lächeln nicht käuflich war, sondern von Herzen kam.

Und genau deshalb fühle ich mich als Luxuspuppe. Es ist mir eine Freude, etwas Positives zum Ganzen beitragen zu dürfen. Dankbarkeit ist mein höchster Lohn, sage ich immer. Und dabei habe ich noch alles, was ich mir nur wünschen kann. Schon lange nehme ich nicht mehr jede ehrenamtliche Tätigkeit an. Dank meiner Erfahrung kann ich mir längst die Sahnehäubchen aussuchen.

Wie gesagt, um alle Seminare und Ausbildungen, die ich aufgrund ehrenamtlicher Mitarbeit schon geschenkt bekommen habe, zu bezahlen, hätte ich mindestens ein Managergehalt gebraucht. Nichts habe ich gebraucht, nur meine Freude am Sein und das Einbringen derselben in meine ehrenamtlichen Tätigkeiten.

Ein weiteres Geheimnis der ehrenamtlichen Tätigkeiten habe ich euch bisher nicht verraten: Man lernt wunderbar, sich dem Fluss des Lebens hinzugeben. Leute, erinnert euch: Ihr müsst gar nichts! Ihr arbeitet ja nicht des Geldes wegen, sondern aus Freude, der sozialen Kontakte und der Erfüllung zuliebe. Da gibt es wenig zu müssen und viel zu dürfen.

Nehmen wir meinen ersten Besuch bei Bärbel in Bayern als Beispiel. Wir hatten geplant, zwei Tage lang intensiv an meinem Buch zu schreiben. Was war los? Ihre Kinder saßen auf meinem Schoß und wollten spielen oder etwas an meinem Laptop gezeigt bekommen. Mach ich doch. Das macht mir Freude. Und muss ich was? Nein, nix, rein gar nix.

Dann kam überraschend eine supertolle Heilerin zu Besuch. Sie wollte eine Stunde lang bleiben und uns nicht bei der Arbeit stören. Schließlich blieb sie den halben Tag. War das eine Freude mit ihr! Was wir alles erlebt haben. Dass sie mir in null Komma nichts meine Kopfschmerzen wegzauberte, war nur der Einstieg, bevor wir so richtig mit Energieübungen und hochinteressanten

Austauschgeschichten loslegten. Wer will da noch schreiben? Niemand.

Na und? Uns bezahlt ja keiner. Wir haben keinen Chef, wir müssen nichts.

Abends wollten wir eigentlich schön lange durcharbeiten. Was haben wir getan? Spontan noch sechs Leute eingeladen und bis kurz vor Mitternacht Ho'oponopono gemacht. Halb erleuchtet sind wir dann ins Bett gefallen – und geschrieben hatten wir schon wieder nichts.

Na und? Der Fluss des Lebens war eben so, und er war genial. Das hätte ich nicht verpassen wollen. Zum Schreiben kann ich in ein paar Wochen wiederkommen und dazwischen können wir auch per Telefon und E-Mail kommunizieren und weiterformulieren.

Das Leben ist ein Abenteuer und voller freudiger Überraschungen – wenn man sich dem Fluss anvertraut. Ein bisschen Freiraum ist da sehr hilfreich.

Bin ich nicht eine Luxuspuppe? Ich arbeite, wann es mir passt und so viel ich Lust habe. Und wenn sich gerade etwas anderes Wunderbares ergibt, dann lasse ich die Arbeit sausen und genieße stattdessen die Alternative. Das ist wahrer Luxus für mich.

Du hast viel zu geben –
nutze die Zeit sinnvoll

Du hast viel zu geben. Erstens, weil jeder Mensch immer etwas zu geben hat. Das vergisst man allzu leicht, denn bei uns ist es üblich, dass man als Arbeitsloser nur finanziell unterstützt wird, aber nicht emotional. Das scheint beispielsweise in Brasilien anders zu sein: Dort gibt es kein soziales System bzw. kein Geld vom Staat, das Arbeitslose finanziell auffängt – aber dafür wird man sozial aufgefangen. Eines von Bärbels ehemaligen Au-pairs aus Brasilien war zeitgleich mit mir zu Besuch und sagte zu mir: »Mir ist aufgefallen, dass die Menschen bei euch als weniger wert gelten, wenn sie kein Geld haben. Bei uns haben die allermeisten kein Geld und auch keine staatliche Unterstützung, denn die gibt es nicht. Da ist Geld automatisch kein Kriterium. Ein Mensch ist grundsätzlich wertvoll, einfach weil er ein Mensch ist. Da könntet ihr was von uns lernen.« Sie hat sicherlich recht.

Dabei könnte jeder Arbeitslose für die Gesellschaft eine sehr wertvolle Arbeit tun – wenn er wollte. Schon Einstein erkannte: Wir können Probleme nicht mit den Denkmustern lösen, die zu ihnen geführt haben.

Das heißt für mich: Um Lösungen für die Probleme der Menschheit zu finden, braucht man nicht nur Menschen, die technische Entwicklungen voranbringen, sondern auch Menschen, die persönliche Entwicklungen und Bewusstseinsbildung vorantreiben und damit die alten Denkmuster verlassen.

Die Technikgenies sowie alle Workaholics und sonstig stark ausgelastete Menschen haben vermutlich nicht den Freiraum, um sich mit allzu großem Ernst ihrer Persönlichkeitsbildung zu widmen. Wer bleibt also übrig? Aha! Du hättest eine gesellschaftlich wichtige Aufgabe zu erfüllen, nämlich das menschliche Bewusstsein, Persönlichkeits- und Charakterbildung voranzutreiben und neue Denkmuster zu entwickeln. Geld braucht man dazu keines. Es gibt seit Langem gute Texte und sogar ganze Bücher zur Bewusstseinsbildung, die man kostenlos aus dem Internet herunterladen kann.

- Gerade neu entdeckt habe ich http://eventtemples. com/ (kostenloses E-Book auch in deutscher Sprache) und http://www.wingmakers.com/ (Diese Seiten sind zum Teil ziemlich vogelwild, aber die Essenz ist meines Erachtens sehr wertvoll: »Frage dich: Wer wäre ich, wenn es keinen Meister, keinen Gott im Sinne der Religionen, kein Licht und keine außerirdischen Retter gäbe? Was würde ich tun, wenn ich selbst all diese Funktionen in meiner Welt innehätte?«)
- Oder das Buch »Easy zum Ziel« von A. Ackermann – gratis aus dem Internet: http://www.aa-training.ch/ ebook.html

- Bei Bärbel gibt es eine Menge interessanter Texte und ein kostenloses Online-Magazin auf www.baerbel-mohr.de oder www.cosmic-ordering.de
- Das Web ist voll von kostenlosen Informationen. Noch ein Beispiel: »The Magic Pill« von Odille Rault – ebenfalls kostenloser Download, allerdings in Englisch.

Und dann heißt es üben, üben, üben und umsetzen. Wenn das alle Arbeitslosen täten, würde sich das Bewusstsein im Land drastisch wandeln. Allein schon, weil die Arbeitslosen etwaige Minderwertigkeitsgefühle auflösen und in die Energie der Selbstliebe gehen würden. Sie bekämen damit eine Ausstrahlung, die ihnen die Achtung und den Respekt der Mitmenschen einbringt. Wenn ich mich umhöre: So viele klagen darüber, wie sie auf den Sozial- und Arbeitsämtern abgefertigt werden und wie sie von Verwandten und sogar Freunden behandelt werden, seitdem sie arbeitslos sind. Das heißt: Sie strahlen offensichtlich das Gegenteil aus.
Eine Arbeitslose aus Bärbels Umfeld hatte das gleiche Problem (sie kam zu unserem Hopp-Abend dazu): Auf dem Arbeitsamt wurde sie behandelt wie der letzte Dreck unter dem Fingernagel. Eines Tages stellte sie sich die Frage: »Wenn ich meine Sachbearbeiterin auf dem Arbeitsamt wäre, warum würde ich mich, die Arbeitslose, so behandeln?« Und zu den Gedanken und Gefühlen, die dann aufkamen, als sie sich ganz in die Rolle

der Sachbearbeiterin versetzte, sagte sie: »Tut mir leid, ich liebe mich selbst trotzdem.« Und in Gedanken nahm sie alle bisherigen Szenen zwischen ihr und der Sachbearbeiterin ins Herz.

Dann stellte sie sich eine zweite Frage: »Was in mir ist in Resonanz damit, so behandelt zu werden? Wie habe ich mir diese Situation erschaffen?«

Und wieder sagte sie zu den aufkommenden Ideen und Gefühlen: »Tut mir leid«, und: »Ich liebe mich selbst.«

Kurz darauf rief die Sachbearbeiterin bei ihr an und war superfreundlich. Sie hatte ihr ein neues Angebot zu machen und war nett und offen, als unsere Bekannte das nächste Mal bei ihr war. Sogar eine Tasse Kaffee bekam sie angeboten, während ihr ein wirklich gutes Angebot unterbreitet wurde. »Grad, dass sie mir kein Küsschen gegeben hat; die war wie umgewandelt«, berichtete sie uns verblüfft. (Bärbel hat dieses Erlebnis auch in ihr Buch »Cosmic Ordering – Die neue Dimension der Realitätsgestaltung aus dem alten hawaiianischen Ho'oponopono« aufgenommen.)

An deiner Persönlichkeitsentwicklung zu arbeiten würde sowohl dir als auch der ganzen Gesellschaft nutzen.

❥ Du kannst mit der gerade beschriebenen Technik üben. Sie lehnt sich an das alte hawaiianische Ho'oponopono an. Details dazu findest du auf www.cosmic-ordering.de

❧ Arbeite an deiner Selbstliebe. Liebe dich so, wie du bist. Stell dich vor einen Spiegel, sieh dir selbst in die Augen und sage dir selbst, dass du dich liebst, so wie du bist. Versuch es im Herzen zu fühlen. Mit der Zeit wirst du die Botschaft annehmen und verinnerlichen.

❧ Führe ein Dankbarkeitstagebuch und schreibe jeden Morgen und jeden Abend mindestens eine Sache auf, für die du dankbar bist.

❧ Führe ein Selbstliebetagebuch: Schreibe jeden Morgen und jeden Abend mindestens eine Sache auf, die du irgendwann im Leben gut gemacht hast, plus eine Sache, egal wie klein, die du heute erfolgreich bewältigt hast.

❧ Außerdem kannst du noch etwas notieren, das dir nicht gut gelungen ist. Schreib dahinter: »Und auch das liebe ich. Ich liebe mich so, wie ich bin.«

❧ Als Letztes schreibst du auf, wie du das (vermeintlich?) Misslungene stattdessen gerne gemacht hättest. Schließ die Augen und spür in dich hinein, wie es sich angefühlt hätte, wenn du optimal agiert hättest.

Fertig. Wenn du das ein paar Monate lang ernsthaft betreiben würdest, wärst du ein neuer Mensch.

❧ Zieh mindestens fünfmal am Tag die Mundwinkel für eine Minute hoch, als ob du lächeln würdest. Stell dich so hin, wie du wohl stehen und dich bewegen würdest, wenn all deine Wünsche erfüllt wären und du superglücklich wärst.

❧ Und singe dir selbst ein Mantra vor: »Ich liebe mich und ich erlaube mir, geliebt zu werden.« Achte dabei auf deine Stimme: Sie soll sich so anfühlen und klingen, als wärst du der glücklichste Mensch auf Erden.

❧ Geh täglich mindestens 40 Minuten an der frischen Luft spazieren.

Das sind lauter Kleinigkeiten, für die selbst ein Workaholic Zeit hätte (ein halbstündiger Spaziergang in der Mittagspause ist selbst bei ihm machbar – wenn er will). Also hast du erst recht Zeit dazu.

❧ Wenn du es trotzdem nicht schaffst, hier noch ein Tipp: Verkauf deinen Fernseher. Im Ernst. Die Langeweile könnte dich vielleicht dazu treiben, etwas mehr für dich zu tun. Aber solange der Kasten noch in der Wohnung steht, ist es schwierig. Im Grunde sollte jeder Arbeitslose als Erstes seinen Fernseher verkaufen, weil das Gerät die Gefahr birgt, am Sessel festzuwachsen. Ohne Fernseher ist es sofort leichter, selbst öfter mal ins Freie zu gehen – auch ohne Hund an der Leine.

❧ Wenn du schon zu den etwas Fortgeschritteneren gehörst, kannst du üben, mindestens zwei Stunden am Tag zu lächeln und eine Körperhaltung einzunehmen, als wärst du ein äußerst glücklicher König oder eine Königin. Körper, Geist und Seele gehören zusammen.

❧ Lenkst du deine Gedanken auf das Wahrnehmen von positiven Dingen und solchen Dingen, für die du dankbar bist, hat das eine angenehme Wirkung auf deine Gesundheit, deine Intuition, deine Lebenslust und die Ergebnisse im äußeren Leben.

❧ Lass deprimierenden Sumpf- und Morastgefühlen auf Dauer keine Chance. Durchlebe sie und nimm sie im Herzen an, bis sie sich auflösen. Nimm dir die Zeit und den Raum und spüre nach, wie du dich fühlen würdest, wenn bereits alles perfekt wäre. All dies hat ebenfalls eine positive Wirkung auf deine Gesundheit, deine Intuition, deine Lebenslust und die Ergebnisse im äußeren Leben.

❧ Wenn du zwei Stunden am Tag die Haltung eines glücklich erfüllten und gesunden Menschen annimmst und dabei beständig lächelst, egal wie du dich fühlst, dann führt auch das zu Rückkoppelungen im Gesamtsystem. Dein Unterbewusstsein, dein Geist und deine Emotionen »denken« dann quasi, sie hätten einen Fehler gemacht mit ihrem Trübsalblasen, denn würdest du sonst so stur grinsen? Nein, wer dauerhaft lächelt und kerzengerade sitzt und geht, dem kann es so schlecht nicht gehen – so konstatiert das Unterbewusstsein und korrigiert die Körperchemie entsprechend. Diese zwei Stunden pro Tag, in denen du lächelst und aufrecht gehst, haben eine rundum erfreuliche Wirkung auf deine Gesundheit, deine Intuition, deine Lebenslust und die Ergebnisse im äußeren Leben.

Zwei Stunden sind unzumutbar viel, so schlecht wie du dich fühlst? Dann lies mal das Buch »Eselsweisheit« von Prof. Norbekov aus Usbekistan. Er berichtet von einem Besuch in einem Kloster, in dem es als Sünde galt, *nicht* zu lächeln. Wer zu lächeln vergaß, wurde zum Wassertragen geschickt. 20 Liter Wasser musste man einen steilen Bergpfad hinaufschleppen. Und wer dabei ebenfalls nicht lächelte (das wurde mit Fernglas vom Fenster aus beobachtet), musste gleich wieder hinunter, um den nächsten 20-Liter-Krug zu holen.

In diesem Kloster mussten die Besucher 40 Tage lang »durchlächeln« und kerzengerade gehen, bevor sie wieder nach Hause konnten. Interessant ist, dass die Besucher bei dieser Kur fast alle ihre Krankheiten hinter sich ließen. »40 Tage lächeln« hieß das Allheilmittel; darüber hinaus gab es keine Medizin.

Mirsakarim Norbekov arbeitet seitdem ganz ähnlich. Unter anderem hilft er Patienten, ohne Brille wieder klar zu sehen – aber das ist nur ein mögliches Behandlungsfeld. Es ist egal, welche Krankheit man loswerden will, selbst wenn die Krankheit »Am-Sessel-Festkleben« heißt: Willentliches Lächeln und Korrektur der Körperhaltung ändern die Körperchemie. Wenn es dich anspricht, leih dir das Buch in der Stadtbücherei aus. Der Autor

hat in jedem Fall einen sehr stark auf- und wachrütteln-
den Schreibstil. Es ist allerdings nichts für allzu zarte
Gemüter, denn die Leser werden sehr stark mit ihrem
inneren Schweinehund konfrontiert – und mit vielem
mehr.

Die Natur ist auf Ausgleich bedacht

Es ist eine *Tatsache,* dass du der Welt immer viel zu geben hast – vor allem wenn du an der Entwicklung deiner Persönlichkeit arbeitest. Aber zusätzlich solltest du dir selbst zuliebe stets *bemüht* sein, anderen und dem Leben etwas zu geben, egal wie wenig es sein mag. Die Natur ist auf Ausgleich bedacht, und das Leben gibt immer dem, der selbst gibt.

- Wenn du im Stadtpark Schnipselchen und leere Zigarettenschachteln aufhebst und in den Müll wirfst, beschenkst du die Natur. Und sie wird bestrebt sein, dir etwas zurückzugeben: Gesundheit, Zufriedenheit, überraschende, positive kleine Begebenheiten, die sich daraus entwickeln, dass du etwas gibst. Vielleicht wirst du angesprochen, findest Gleichgesinnte etc.

- Du kannst für eine hochbetagte ältere Nachbarin einkaufen gehen. Oder du hilfst ihr beim Putzen oder liest ihr positive Geschichten vor. Deine Ohren hören schließlich auch mit. Die Geschichten werden dir ebenfalls guttun.

Geschichten sind überhaupt eine wunderbare Sache, die ich ein bisschen näher ausführen möchte:

Bärbel erzählte mir, dass ihre Oma Jahre ihres Lebens mit Jammern verbrachte. So lange, bis die Enkelin keine Lust mehr hatte, sie zu besuchen. Das Fernbleiben fand Bärbel nun aber auch nicht schön; also überlegte sie sich etwas Neues. Schließlich schickte sie ihrer Großmutter einmal im Monat eine positive wahre Geschichte – dazu den anfänglichen Wink mit dem Zaunpfahl, dass sie lieber das Gute auf der Welt stärken wolle, anstatt durch Jammern zum Schlechten beizutragen.

Seitdem hatten die beiden nur noch erfreuliche Gespräche. Und die Oma lebte danach immerhin noch fünf Jahre lang und starb schließlich im Alter von 89 Jahren.

Die Lieblingsgeschichte der Oma stammte aus dem Buch »Unglaubliche Geschichten – wahre Begebenheiten« von Pierre Bellemare. Auch in den Büchern »Hühnersuppe für die Seele« (im Buchhandel erhältlich) oder »Kartoffelsuppe für die Seele« (über www.riwei-verlag.de zu beziehen) findest du mehr solcher Geschichten. Hör dich einfach um und frag andere – werde Geschichtensammler für positive wahre Ereignisse und verbreite sie. Deine Ohren und dein Unterbewusstsein hören immer mit. Du bist somit der Erste, der davon profitiert.

Außerdem will nur das niedere Ego immer *haben*. Die höheren Anteile unseres Ichs und die Seele haben viel mehr Spaß am *Geben*.

Wann immer du in Endlosschleifen darüber nachdenkst, was du alles haben willst, fütterst du das niedere Ego oder deine Ängste. Wenn du dich mit Geben beschäftigst, fütterst du die Seele. Wer freudig gibt, ist automatisch im Fluss mit dem Leben. Das Leben seinerseits möchte dir dann wieder etwas schenken – und tut es auch. Und hast du nicht gesehen, erfüllt es dir deine Wünsche, während du mit Geben beschäftigt warst.

Damit wir uns richtig verstehen, ein konkretes Beispiel:

Klaus denkt: »So ein Job, bei dem ich entspannt arbeiten und trotzdem etwas Gutes bewirken kann, würde mir gut gefallen. Ich hätte das Gefühl, nützlich zu sein, würde die zwischenmenschlichen Kontakte genießen und wäre voller Dankbarkeit für eine solche Gelegenheit. Mmmh, fühlt sich gut an, dieser Gedanke. Mal sehen ... Wem könnte ich denn heute etwas Gutes tun? Wenn ich gerade nicht gesprächig bin, könnte ich vom Spielplatz in der Nachbarschaft Dreck wegräumen. Wenn ich reden will, gehe ich ins Altersheim oder zur Nachbarschaftshilfe etc., um positive wahre Geschichten vorzulesen. Zuvor mache ich einen kleinen Spaziergang um den Block.«
So wäre es goldrichtig.

Nicht ganz so golden wäre die Variante von Moritz: »Keiner gibt mir, was mir zusteht. Ich will auch mal einen Job, bei dem ich so viel verdiene, dass ich dreimal im Jahr in Urlaub fliegen kann. Ich will ein großes Auto haben und mich so schick anziehen können wie Ferdi aus meiner alten Klasse. Es ist nicht gerecht, dass der das kann und ich nicht. So schlau wie der bin ich schon lange. Und immer dieser Klaus-Peter mit seiner blöden Penthousewohnung. So was Exklusives ausgerechnet für den. Ich will auch so was haben. Und so einen Job wie der hätte ich schon lange verdient. Der kann das doch eh nicht. Ich will und ich will und ich will und ich fühle mich so schlecht, weil ich nichts habe ... Oje, fühl ich mich schlecht. Ich muss mich hinlegen, das macht mich alles so fertig. Höchstens den Film ›Kalter Graus am frühen Abend‹ oder vielleicht noch ›Das große Würgen‹ könnte ich mir ansehen. Aber mehr schaffe ich nicht. Oh, ich Armer ...«

Das waren typische Gedanken von zwei Menschen in exakt der gleichen Situation. Sie gehen nur ganz verschieden damit um – was auf die Dauer zu sehr unterschiedlichen Ergebnissen führt.
Was machst du aus deiner Situation? Wo geht es bei dir weiter und *wie?*

Ich betone es noch einmal: Dir selbst zuliebe solltest du darüber nachdenken, was du zu geben hast – weil die Natur nach Ausgleich strebt. Neben allem anderen, wie mehr Gesundheit, mehr Befriedigung und ein besseres

Selbstwertgefühl, profitierst du also vom Geben: durch den Ausgleich der Natur.

Das Leben selbst versucht eine Balance zwischen Geben und Nehmen herzustellen. Und wenn du an irgendeiner Stelle *mehr* nimmst, als du gibst, dann bemüht sich das große Ganze, eben das Leben selbst, den Ausgleich wieder herzustellen, und es nimmt von dir. Das ist wie ein Mechanismus, und er findet immer in der Gegenwart statt.

Am leichtesten kannst du diesen Mechanismen vielleicht nachvollziehen, wenn du dir selbst die folgenden Fragen stellst:

❧ Wenn sich dein bester Freund (egal ob arm oder reich – das Leben macht diesen wertenden Unterschied nicht) häufig bei dir etwas leiht, aber das Geliehene nie zurückgibt: Wie fühlst du dich dann? Wie viel Lust hast du, demjenigen noch irgendetwas zu geben?

❧ Wenn deine beste Freundin dich beklaut, kaum dass du mal im Bad bist oder telefonierst: Wie fühlst du dich? Wie reagierst du?

❧ Dein bester Freund hat ständig schlechte Laune, jammert in einer Tour und erzählt dir langatmig, wie schlecht die Welt sei: Wie viel Lust hast du, diesem Freund etwas zu schenken?

❧ Oder stell dir vor, du hättest ihm etwas geschenkt in der Hoffnung, dass es ihm dann besser geht. Aber seine Laune hat sich nur für zwei Minuten gebessert, bevor er weiterjammert: Wann würdest du ihm wieder etwas schenken?

- Deine beste Freundin verbringt ihre Freizeit mit Schlafen, Fernsehen und Essen. Sonst unternimmt sie rein gar nichts. Wie viel Lust hast du, ihr Geld zu schenken? Spür in dich hinein. Du musst die Antwort niemandem erzählen; schau nur, wie viel Lust du hättest, so jemandem Geld oder irgendwas zu schenken. Meistens sind wir optimistisch und hoffen zunächst auf Besserung durch unsere Gaben. Aber stell dir vor, du hast deiner Freundin schon dreimal etwas geschenkt, doch sie verbringt weiter ihre gesamte Freizeit im Bett, vor dem Fernseher, am Kühlschrank. Na, wie fühlt sich das an?

- Plötzlich bekommst du die Nachricht, deine beste Freundin (jene, die nur zwischen Bett, TV und Küche pendelte) hat ihr Fernsehgerät verschenkt. Du siehst sie täglich an deinem Fenster vorbei spazieren gehen und gegen ein kleines Taschengeld anderer Leute Hunde ausführen. Sie isst seit Neuestem gesunde Frischkost und lädt dich jede Woche einmal zu etwas leckerem Selbstgekochtem ein. Ändert das etwas an deinem Gefühl und deiner Lust, deine Freundin finanziell zu unterstützen? Beobachte dein Gefühl. Sei ehrlich zu dir selbst.

- Du hörst, dass dein bester Freund regelmäßig ehrenamtlich alte Leute pflegt, ihnen vorliest, Gesellschaft leistet und Ähnliches. Du siehst, wie er einmal die

Bushaltestelle in eurer Straße vom Unrat befreit und die Bank abwischt, sodass man darauf sitzen kann, ohne an Bierresten festzukleben. Du hast genug Geld. Wie sieht es nun mit deinem Wunsch aus, etwas zu verschenken? Ist es anders als bei der Variante mit der permanenten Jammertour – auch wenn dein Freund dir persönlich gar nichts gegeben hat? Fühl einfach in dich hinein. Du lernst dabei das Leben kennen.

Denk daran: Das Leben fühlt wie du! Es ist ein Teil von dir. Du bist ein Teil des Lebens.

Schließen wir doch das Kapitel, das auch den hohen Wert positiver Erzählungen beschreibt, mit einer passenden Geschichte ab:

10 Minuten Zeit
Der Alte des Dorfes bekam von einem Besucher einmal die Frage gestellt, wie er denn sein Leben schön und paradiesisch gestalten könne. Er habe immer zu wenig Zeit.
Der Alte schmunzelte und meinte: »Hast du mal 10 Minuten Zeit?"
Der Besucher bejahte und schaute neugierig, was nun wohl geschehen wird.
Der Alte schaute ihn ganz aufmerksam an und fing an zu erzählen: »Als vor vielen Jahren die Zeit sehr schlecht war, nahm ich eine Stelle als Busfahrer an. Ich bekam eine Linie zugeteilt, die in das Industriegebiet hinaus-

führte. Ich fuhr die Stecke 12 Mal am Tag, an der Endhaltestelle hatte ich immer 10 Minuten Wartezeit. Die
Endhaltestelle sah furchtbar aus, mehr wie eine Müll-
deponie als wie eine Bushaltestelle. Ich machte mich in
diesen 10 Minuten daran, erst einmal den Papier- und
Plastikabfall zu sammeln. Das schaffte ich natürlich
nicht in 10 Minuten, aber beim nächsten Mal hatte ich
wieder 10 Minuten und nach nicht einmal drei Tagen
war die Bushaltestelle sauber. Ich brachte mir dann einen
Spaten mit und grub die Erde rund um die Haltestelle um
und setzte nach und nach Blumen. Natürlich warfen die
Wartenden immer noch Abfälle einfach auf den Boden,
aber je schöner es wurde, umso seltener geschah es, dass
Abfall einfach weggeworfen wurde. Auch reparierte ich
ein loses Brett, damit man die Wartebank wieder benut-
zen konnte, und strich mit einem Rest Wandfarbe das
Wartehäuschen frisch an. Nach drei Wochen war aus
dem verwahrlosten Ort ein kleines Paradies geworden, in
nur 10 Minuten.«

(aus: Lena Lieblich, »Kartoffelsuppe für die Seele«, mit
freundlicher Genehmigung des RiWei-Verlags)

Ein Bonus ohne Gegenleistung?

Eine Gruppe von Arbeitslosen, angeführt von einem kirchlichen Sozialarbeiter im Frankfurter Nordend, wollte mich dafür gewinnen, bei der Stadt günstigere Tickets für die S- und U-Bahnen zu erstreiten. Schließlich habe jeder Einzelne in unserer Gesellschaft die Arbeitslosigkeit mitverursacht und somit stünde den »unverschuldeten« Frankfurter Arbeitslosen ein Fahrschein zum halben Preis zu.

Ich hatte mit vielen Behörden gute Kontakte und war immer eine kraftvolle Fürsprecherin für Arme und Bedürftige.

»Aha, ja gut«, sagte ich daher auch dieses Mal. »Okay, und was wollt *ihr* als Gegenleistung dafür einbringen?«, fragte ich interessiert.

»Wie?« – »Wieso wir?« – »Wir sind arbeitslos. Es ist unser Recht, zu fordern.«

Das sah ich nicht so. Ich wollte wissen, wo denn da die Berechtigung sei, einfach so von der Gesellschaft zu fordern. Man müsse immer auch selbst etwas geben und einbringen.

»Wir haben schließlich Steuern bezahlt.«

Ich: »Und wer soll das konkret bezahlen? Die Stadt, der Verkehrsverbund, das Sozialamt?«

»Das ist uns egal. Wir wollen nichts geben. Wir sind die Armen. Wir wollen etwas haben.«

Ich gab nicht gleich auf, meine Sichtweise zu erklären: »Aber ihr raucht doch fast alle. Dafür habt ihr Geld – aber Tickets wollt ihr billiger haben. Wozu? Um mehr rauchen zu können? Ich bin nicht bereit, für euch einzutreten, wenn ihr selbst keinen Beitrag leisten wollt.«

Nö, da wurden wir uns nicht einig; ich übernahm daher auch diesen Auftrag nicht. Ich »kämpfe« gerne – für Menschen, die bereit sind, selbst etwas beizusteuern oder persönlichen Einsatz zu bringen. Aber unter *diesen* Umständen hatte ich keine Lust, obwohl ich eine Betroffene bin und mir selbst vergünstigte Fahrtickets zugute kämen.

Bärbel fand die Begebenheit sehr interessant, als ich sie ihr erzählte. Wir luden daher spontan ein paar Freunde von Bärbel und Manfred ein, um zu ergründen, was sich hinter so einer passiven Haltung des Forderns ohne Gegengabe verbergen könnte. Wir hatten den Wunsch, diese Haltung besser zu verstehen und auf dieser Basis vielleicht auch neue Lösungswege für solche Situationen zu sehen.

Wir setzten uns also zu acht im Kreis zusammen, schlossen die Augen und stellten uns vor, wir wären betroffen – das heißt, drei von uns waren tatsächlich arbeitslos und einer war Anwalt mit Spezialgebiet Hartz-IV. Wir hatten gezielt diejenigen eingeladen, die am nächsten am Thema dran sind.

Wir stellten uns vor, wir wären arbeitslos und wären überzeugt, dass die Gesellschaft an unserer Misere schuld ist (ob das nun stimmt oder nicht, spielt dabei keine Rolle): Die Gesellschaft schuldet mir deshalb ganz viel; ich bin *nicht* der Meinung, dass ich selbst etwas zurückgeben sollte; ich empfinde mich als arm und bedürftig und möchte nur etwas *haben*.

Was für Gedanken und Gefühle kommen hoch, wenn ich mir vorstelle, dass ich so bin?
Im Folgenden liste ich die verschiedenen Antworten auf, die wir in der Gruppe fanden:

❧ Ich habe als Kind nicht genug Liebe bekommen. Ich fühle mich nicht satt, sondern immer noch bedürftig. Deshalb kann ich nicht erwachsen werden, sondern möchte immer noch versorgt werden. Solange ich dieses Defizit in mir spüre, kann ich selbst nichts geben und nichts einbringen.

❧ Diese Haltung ist eine Ausrede für meine Passivität. Ich belüge mich selbst und will nicht zugeben, dass ich generell nichts tun möchte. Ich bin einfach träge und total blockiert.

❧ Mein Gefühl ist, dass man meinen Wert nicht anerkennt. Ich bin beleidigt und will meinen Beleidigern nicht auch noch etwas geben. Ich habe eine ganz typische Depression: Einerseits fühle ich mich zu gut für diese Welt, als etwas Besseres; andererseits habe ich aber auch das Gefühl, dass keiner so arm dran ist wie ich.

❧ Es ist eine der Grundregeln unserer Gesellschaft, dass nur geliebt und geachtet wird, wer auch etwas leistet. Ich will aber einfach so geliebt werden. Einfach weil ich ein Mensch bin und unabhängig davon, ob ich etwas leiste oder nicht. Bei dem Leistungsdruck will ich nicht mitmachen.

❧ Mein Gefühl ist, am Rande der Gesellschaft zu stehen und sehr begrenzt zu sein in meinen Möglichkeiten, mit anderen Kontakt aufzunehmen. Ich wünsche mir mehr Mobilität, um leichter in Kontakt treten zu können.

❧ Mir geht es ums Prinzip. Ich könnte mir selbst eine Buskarte kaufen. Aber ich will eine Entschädigung dafür haben, dass ich keine Arbeit habe. Die, die Arbeit haben, sollen dankbar sein, dass es mich getroffen hat und nicht sie.

❧ Ich bin überfordert damit, für mich selbst zu sorgen. Bitte sorgt ihr für mich.

❧ Mir geht es um einen Öffentlichkeitsappell für den

öffentlichen Nahverkehr, dass die Preise grundsätzlich zu hoch sind.

❧ Ich fühle mich einsam als Arbeitsloser und möchte mich öfter unter Leute mischen können. Dazu brauche ich die Gelegenheit, in die Stadt zu fahren.

Eine Menge interessanter Aspekte. Aber wir wollten noch eine Ebene tiefer, nämlich vom Verstand hinab ins Herz. Als Nächstes atmeten wir daher ein paarmal ins Herz und fragten das Herz, was sein Grund ist, im Fordern stecken zu bleiben.
Die Antworten veränderten sich ein wenig:

❧ Ich suche den Trost im Nehmen und erkenne nicht, dass er im Geben liegen würde. Die Angst in mir will nehmen, die Seele will geben.

❧ Ich möchte am gesellschaftlichen Leben teilhaben können und nicht sogar vom Bahnfahren ausgegrenzt sein.

❧ Ich finde es ungerecht, dass die Fahrtickets so teuer sind. Ich fühle mich minderwertig, wenn Fahrkarten einen so hohen Prozentsatz meines Gesamteinkommens ausmachen. Dabei fühle ich mich vom Leben ausgegrenzt und so schwer, und alles scheint unerreichbar. Der Wunsch nach Mobilität ist für mich verbunden mit einem Gefühl von mehr Leichtigkeit und auch von mehr Möglichkeiten, einen neuen Job zu finden.

❧ Ich fühle Trauer in mir, dass ich meine Arbeit verloren habe, und ich fühle mich allein gelassen. Ich sehne mich danach, mich trotzdem in der Gesellschaft geborgen zu fühlen. Mobilität ist für mich symbolisch für Lebensfreude und für die Teilnahme am Leben.

❧ Mein Bedürfnis ist ein Mindestmaß an Anerkennung für das, was ich bisher im Leben geleistet habe.

❧ Ich habe Angst, noch mehr an den Rand gedrängt zu werden, wenn mir sogar die Mobilität erschwert wird.

❧ Für mich ist Mobilität ein menschliches Grundbedürfnis. Ich würde mir damit ein letztes bisschen Würde erhalten.

❧ Ich fühle mich schuldlos an meiner Misere, deshalb sollte ich die Tickets billiger bekommen.

❧ Mein Ich ist im Gefühl so klein, dass es sich fast auflöst. Wenn ich etwas bekäme, könnte mein Ich wieder größer und stärker werden.

Die Ergebnisse lösten angeregte Gespräche aus. Jeder hatte mehrere Aspekte bei den anderen gefunden, die er gut nachvollziehen konnte. Das wachsende Verständnis hatte bei vielen von uns auch den Wunsch ausgelöst, Mobilität als Grundbedürfnis anzuerkennen, so wie Essen, Trinken und ein Dach über dem Kopf.

Nun wollten wir uns die Sache von der anderen Seite ansehen. Dieses Mal stellten wir uns vor, jeder Einzelne von uns wäre die Gesellschaft als Ganzes: Wenn ich die Gesellschaft wäre, warum würde ich mir Arbeitslose kreieren und sie dann für weniger wertvoll halten?

❥ Weil ich als Teil der arbeitenden Bevölkerung meinen Job hasse und nicht gerne arbeiten gehe. Ich raste aus, wenn es Leuten, die nicht arbeiten, dabei auch noch gut geht. Mein Gefühl sagt, dass die gefälligst mehr leiden sollen als ich in meinem ungeliebten Job, den ich nur wegen des Geldes mache. Wenn ich zu diesem Gefühl in mir sage: »Es tut mir leid«, und: »Ich liebe mich trotzdem, so wie ich bin«, dann wächst in mir das Gefühl, nach einer erfüllenden Berufung zu suchen. Wenn ich die finde, dann gönne ich auch jedem ein Basiseinkommen ohne Arbeit, denn dann fülle ich meinen Job mit Freude aus und erledige ihn nicht mehr nur, weil ich muss und um versorgt zu sein.

❧ Ich als Gesellschaft habe einen Hass auf Nörgler und Nichtstuer. Ich gönne nur denjenigen etwas, die auch etwas tun. Im Grund steckt dahinter derselbe Frust, dass mich meine Arbeit nicht befriedigt, und insgeheim beneide ich alle, die nicht arbeiten müssen, auch wenn ich andererseits Angst habe, in dieselbe Situation zu geraten.

❧ Ich erschaffe mir Arbeitslose, um meine Arbeit als etwas Kostbares ansehen zu können.

❧ Bei mir ist es die Angst, selbst arbeitslos zu werden. Das kompensiere ich durch extreme Abgrenzung in der Hoffnung, dass der Kelch an mir vorübergeht. Im Grunde weiß ich, dass das ganze System marode ist. Aber ich weiß keine Lösung.

❧ Ich als Gesellschaft bin jung und dynamisch. Ich will mit Verlierern nichts zu tun haben. Ich glaube, dass der Starke den Schwachen frisst, deshalb brauche ich Leute, die schwächer sind als ich, damit ich mich stark und sicher fühlen kann.

❧ Mir als Gesellschaft fehlt es an innerer Balance. Ich arbeite zu viel, bin zu viel im Außen und völlig reizüberflutet. Die Natur versucht, Balance zu schaffen, und deshalb gibt es auf der anderen Seite Menschen, die extrem passiv und phlegmatisch sind. Wenn die

Workaholics mehr in Balance kämen und Selbstreflexion, Bewegung in der Natur und Entspannung in ihr Leben integrieren würden, würden am anderen Ende die Phlegmatiker erwachen und sich mehr einbringen. Es geht darum, zu erkennen, dass alles eins ist und eine Gesamtbalance anstrebt.

Diesen letzten Aspekt fand ich besonders spannend! Er vermittelt eine völlig neue Sichtweise. Da braucht kein Überstundenarbeiter mehr auf Nichtstuer zu schimpfen, denn im Gesamtsystem erschafft er diese mit, weil er selbst übertreibt – nur halt in der anderen Richtung.

❧ Wenn es mir ein bisschen besser geht als den totalen Verlierern, werte ich mich selbst damit auf.

❧ Es gilt für die gesamte Menschheit: Das Gefühl erschafft. Und der Zustand einer Gesellschaft drückt ihr Lebensgefühl aus. In einigen skandinavischen Ländern haben die Leute laut Umfragen mehr Spaß an der Arbeit – und sie haben prompt auch weniger Arbeitslose. In Deutschland haben laut Umfragen 88 Prozent keinen Bock auf ihren Job [dpa, 8.5.2008]. Diese Unlust erschafft auch hohe Arbeitslosenzahlen in unserer Gesellschaft. Wenn alle voller Dankbarkeit wären und sich selbst bedingungslos lieben würden, hätten wir schon ein neues Gesellschaftssystem und keine Arbeitslosen.

- Ich als Gesellschaft erschaffe mir das, weil ich zu viel Gewicht auf die sichtbare Arbeit gelegt habe. Es gibt aber auch unsichtbare Arbeit (z.B. innere Arbeit, Persönlichkeitsentwicklung, Stärkung der Kommunikationsfähigkeit etc.). Arbeitslosigkeit ist auch eine Art Auszeit, die Raum gibt für die Neuorientierung.

- Ich als Gesellschaft habe das Ziel, zurück zu einer naturgemäßen Lebensweise zu finden. Ich bestehe aus zu vielen BWLern und zu wenig Handwerkern und Bauern. Ich will mehr im Sinne einer natürlichen Wirtschafts- und Gesellschaftsordnung leben. (Interessierte können als Beispiele »Sekem« in Ägypten oder »Equilibrismus« googlen.)

Unsere letzte Frage: Ich bin die Arbeitslosigkeit. Wie geht es mir?

Erstaunlicherweise führte diese Frage zu allgemeinen Heiterkeitsausbrüchen; keiner hatte Lust, sich zu konzentrieren oder wieder die Augen zu schließen. Es wurde erst mal ganz viel gealbert. Aber dann wollten wir doch wissen, wie es uns ginge, wenn wir persönlich die Arbeitslosigkeit wären.

Augen zu und reingefühlt. Die Arbeitslosigkeit ist ein Wesen. Ich stelle mir vor, ich bin dieses Wesen. Wie geht es mir?

- Ich bin erstaunlich selbstbewusst. Ich bin aber auch undressierbar und ein bisschen vergammelt und asozial. Das ist meine Art des Protestes gegen die Ablehnung von außen. Wenn ich mich selbst mehr liebe, dann wandelt sich das Asoziale in etwas sehr Soziales. Dann nutze ich das Unstrukturierte in mir, um das Leben zu feiern und die Seele baumeln zu lassen und um Qualitäten von Nähe und Verbundenheit aufrechtzuerhalten.

- Ich als Arbeitslosigkeit bin ein Freigeist. Ich habe Zeit und riskiere den Rundumblick. Ich habe auch Zeit zum Feiern, Lachen und Leben. Ich bremse den technischen Fortschritt, weil er zu wenig Liebe beinhaltet. Wenn wir genauso viel Fortschritt in der Liebe wie in der Technik machen würden, würde ich gerne mitarbeiten.

- Mir als Arbeitslosigkeit geht es gut. Ich lerne gerade die Kostbarkeit der Zeit zu entdecken. Das Wunder der Natur, die Bäume im Wald und all das sehe ich erst mit echter Freude, seit ich arbeitslos bin und Zeit habe, mich in die Betrachtung wirklich zu versenken.

- Ich bin freudig, frei und wie ein buntes, farbenfrohes Feuerwerk. Ich fühle mich wichtig, denn ich gebe den Menschen den Raum für innere Entwicklung.

❧ Ich bin ein Ungeheuer, eine Krake, ich bedrohe die Gesellschaft.

❧ Ich bin die Arbeitslosigkeit und habe viel Zeit, um das Richtige zu tun. Mönche, die um Reis betteln, sind im Grunde auch arbeitslos, aber sie nutzen ihre Zeit.

Jemand berichtete daraufhin, dass er bei einem spirituellen Retreat einmal die Aufgabe hatte, für zwei Tage Essen auf der Straße zu erbetteln. Es sei eine Erfahrung des blanken Horrors gewesen, habe aber viel Verständnis gebracht.

❧ Ich als Arbeitslosigkeit fühle mich frei – aber nur hier, wo mir ein soziales System Halt gibt. In Indien wäre ich der Tod.

❧ Ich als Arbeitslosigkeit hätte nicht das Gefühl, ein monetäres Problem zu haben, sondern hätte viel eher das Problem, ausgeschlossen zu sein.

❧ Ich als Arbeitslosigkeit bin wie der Teufel, wie Mephisto: »Ich bin die Kraft, die stets das Böse will und doch das Gute schafft.« Wer an dieses System glaubt, kauft die Arbeitslosigkeit, also mich, mit ein. Ich freue mich regelrecht, wenn es mit der Arbeitslosigkeit auch mal Manager oder andere Typen erwischt, die meistens verschont bleiben. Ich empfinde Schadenfreude für die, die gestraft werden, weil sie an dieses System glauben, anstatt an einem neuen, besseren zu arbeiten. Das ist das Gute, was aus mir erwachsen kann: die Einsicht, dass es Zeit wird für ein menschlicheres System zum Wohl der Natur und damit automatisch zum Wohl aller Menschen.

Wow, das waren spannende Ergebnisse!

Wir konnten nun einerseits besser verstehen, woher der Wunsch kommt, ohne Gegenleistung versorgt zu werden. Andererseits war uns noch klarer, warum der Weg zum persönlichen Glück nur über die Eigenverantwortung geht. Aber womöglich sind ganz andere Aktionen erforderlich als die bisher gedachten. Mit Moralisieren erreicht man gar nichts. Als Erstes geht es um Verständnis, und zwar für alle Beteiligten.

Bärbel beispielsweise hatte *vor* diesem Abend gedacht: »Ja genau, die sollen erst mal selbst etwas beitragen.« Beim Hineinspüren an unserem Ho'oponopono-Abend erkannte sie dann ihren eigenen Freiheitsdrang in diesen Arbeitslosen und fand nun: Mobilität in der Heimatstadt ist ein Grundbedürfnis, das jedem ermöglicht werden sollte. Als zuständige Politikerin wäre sie nach so einer Verständnisrunde sofort motiviert, das Nötige irgendwie anzuleiern. Vorher hätte sie nur abgewinkt.

Ebenso gut kann es sein, dass Betroffene selbst nach so einer Verständnisrunde auch die Behörden und die Gesellschaft besser verstehen und mit einer anderen Energie und Einstellung an die Sache herangehen. Und genau dann erreichen sie ihr Ziel, weil sie in der Energie des Verstehens auftreten, anstatt den Mangel und die Aggression auszustrahlen.

Nebenwirkungen

Wir hatten es schon angekündigt: Arbeitslos glücklich zu werden, kann Nebenwirkungen entfalten in Form von neuen Jobangeboten, nach denen man gar nicht intensiv gesucht hat. Bevor man urplötzlich irgendwas angeboten bekommt, kann man natürlich die Selbstanalyse vorziehen und sich bei den ehrenamtlichen Tätigkeiten schon mal in eine geeignete Richtung bewegen. Dazu brauchen wir ein paar wichtige Informationen, die du in Listen erfasst.

Liste 1:
Beginne mit einer Bestandsaufnahme deiner Gefühle. Wie fühlst du dich jetzt in diesem Moment mit deiner Situation? Notiere dazu ein paar Stichpunkte.

Dann erstelle Liste Nummer 1: Führe mindestens 20 Vorteile auf, die deine jetzige Situation hat. Doch ja, man findet zwanzig, wenn man sich echt bemüht. Schreib sie alle auf.

Und mach unter Punkt 21 den Gegencheck: Wie fühlst du dich jetzt mit deiner momentanen Situation? Hat sich dein Gefühl vielleicht schon ein wenig verändert?

Liste 2:

Notiere 30 Dinge, die du gerne tust.

Schreibe danach hinter jeden Posten, wie viel Geld du hierfür jeweils brauchst.

Beispiel:

Eis essen   1 Euro

Spazieren gehen 0 Euro

Freunde treffen 0 Euro

Es ist erstaunlich, wie viel von unseren Lieblingsbeschäftigungen gar nicht viel kosten.

Klar, Skifahren kostet dann schon. Sicher hast du auch ein paar »teure« Punkte auf deiner Liste, die gerade nicht gehen. Diese Liste ist dazu da, zu würdigen, wie viel von den Dingen, die dir wirklich wichtig sind, du nach wie vor tun kannst.

Liste 3:

Notiere 20 Dinge, die du gerne in deiner näheren Umgebung umgesetzt sehen würdest.

Liste 4:

Notiere 20 Punkte, die auf der Welt geändert gehören. Was müsste anders sein in einer Welt, in der alle glücklich und zufrieden, teils nebeneinander, teils miteinander leben könnten?

Liste 5:

Schreibe dir aus allen vier vorherigen Listen Dinge

heraus, die du konkret tun, unternehmen oder beitragen kannst.

Beispiel:
Liste 1: Mehr Zeit für mich ist ein Vorteil meiner Situation. Ich kann lesen, Musik hören, in die Stadtbibliothek gehen, mir selbst Briefe schreiben (und sie mir einen Monat später durchlesen), ich kann an meiner Selbstliebe arbeiten etc.

Liste 2: Ich kann mich öfter mit anderen Betroffenen treffen. Selbsthilfegruppen gibt es schließlich wie Sand am Meer. Dann werde ich mich nicht mehr so alleine fühlen. Und so viel weiß ich schließlich, dass ich hier nicht der (die) Einzige bin.
Ich kann mich öfter mit Freunden zum Spazierengehen treffen.

Liste 3: Jemand sollte die verschmierte Mauer am Spielplatz überstreichen – das kann ich tun.
Jemand sollte die armen Tiere im Tierheim um die Ecke öfter mal Gassi führen. Ich kann das tun.
Die alten Leute im Altersheim sollten öfter Besuch bekommen – ich kann sie besuchen.

Liste 4: Die Menschheit sollte endlich lernen, Hüter des Lebens zu sein, anstatt Leben zu zerstören. Ich kann mit kleinen Aufklärungsaktionen dazu beitragen. Ich will

Plakate anfertigen (in Kopierläden um die Spende von Restpapieren bitten oder Papier nehmen, das auf einer Seite schon bedruckt ist, und die Rückseite verwenden). Ein Plakattext könnte heißen: »Wer Eier von frei laufenden Hühnern isst, betreibt aktiven Tierschutz, denn er trägt zur artgerechten Tierhaltung bei.« Oder: »Heute schon gelächelt? Was ist Ihnen wichtiger? Dass es Ihren Kunden, Mitarbeitern, Lieferanten und Ihrer Familie gut geht – oder nur Ihrem Geldbeutel? Bringen Sie mehr Liebe in Ihre Arbeit.«

Ich finde, es gibt zu wenig Pflanzen in der Stadt. Ich kann eine Ablegersammelstation aufmachen und Pflanzen verschenken – für ein grüneres Zuhause, grüne Balkone und mehr Natur im Kleinen.

Bei all diesen Aktivitäten machst du dich auf den Weg, deine Berufung zu finden und zu leben. Das Leben wird dir früher oder später in Form von Angeboten antworten.

Ob es früher oder später wird, entscheidest du. Deine Selbstliebe, dein Urvertrauen entscheiden, ob du die Gelegenheiten siehst und ergreifst, die dir das Leben bietet, wenn du ihm und dir selbst vertraust.

Im Folgenden geben wir den Bericht einer Leserin aus Bärbels Forum www.baerbelmohr.de wieder. Sie hat den Abdruck freundlicherweise genehmigt und ich kann mir vorstellen, dass sich der eine oder andere Arbeitslose darin wiederfindet und den Mut gewinnt, ein wichtiges Thema seines Lebens anzupacken. Vielen Dank jedenfalls an die Schreiberin für diesen wertvollen Beitrag:

Ich möchte euch von einer extremen Erfahrung mit dem universellen Bestellservice berichten. Ich bin so was von pleite, verlor unter gewalttätigen Umständen, mit Schulden etc. meine WG-Wohnung (war die Letzte, die rausschikaniert wurde, da der Eigentümer unter Verstoß gegen alle Kündigungsfristen anderes vorhatte ...). Nun, der Eigentümer behauptete gar noch, ich hätte Dinge kaputt gemacht und Miete nicht bezahlt. So war ich natürlich ein Mensch ohne jegliche Bonität, dafür mit großem Hund. Klasse ... Zu gut Deutsch: Kein Mensch vermietet so wem was. Also Hund ins Tierheim und ab unter die Brücke? Oder in ein Asyl – falls Glück ... Das konnte es doch nicht sein! Das war es auch nicht. Das wollte ich auch nicht.

Ich hatte die ganze Zeit in meinem Unterbewusstsein die Frage: Was macht das Universum, wenn ich mich ganz auf es verlasse? Denn sonst ist es doch nicht glaubwürdig. Sonst ist es doch Schöngerede. Na, und so denke ich, hab ich diese Situation »bestellt«. Also – ich wollte aber weder den Hund hergeben noch unter 'ne Brücke ziehen. Ich wollte auch nicht mehr notdürftig in ein Zimmer. Ich wollte eine Wohnung, und zwar eine saubere, ruhige. Klein, alt, einfach – ja bitte, aber sauber und ruhig und die Umgebung so, dass man keine Angst bekommt.

Nun, am nächsten Morgen lag eine Zeitung als Werbung

vor der Tür. Ich guckte mal rein. Ein Immobilienteil. Blödsinn, kam nicht infrage für mich ... Nur Makleranzeigen.

Moooment, also wenn das Universum mir helfen soll, in ein paar Tagen eine Wohnung zu haben, werd ich doch die Chancen wahrnehmen müssen. War die Zeitung etwa schon ein Teil einer »Lieferung«? Schließlich landeten in diesem Haus nie Zeitungen, die nicht abonniert waren. Also mürrisch mal unter dem Bezirk, wo ich wohnte, und unter 1-Zimmer-Wohnungen geguckt. Hä? Da war eine! Zum Preis, wie sie mit Hartz-IV geht. Wo war der Pferdefuß, außer dass nur 'ne Handynummer dastand?

Okay, auch diesen negativen Gedanken verdrängt. Angerufen. Besichtigung gemeinsam für alle Interessenten am nächsten Tag. Na toll, da werd ich ja abblitzen. Ich kann, wenn es nett ist, nicht wie manche die Kaution in bar zahlen, und so Sachen.

Wieder mich selber geschubst: Also, wenn du nicht gucken gehst, kannst du auch keinen Vertrag kriegen. Wenn das Universum will, dass du diese Wohnung kriegst, dann wird es 'nen Weg finden. Wenn es die Wohnung nicht ist, hast du wenigstens nach so viel Passivität gezeigt, dass du Lieferungen anzunehmen bereit bist. Also los.

Gut, ich war da. Ooooh, frisch renoviert. Boden neu gemacht. Vieles einfach, alt, aber alles gut bewohnbar. Ich hätte gleich unterschreiben können, hatte allerdings nicht mal 'nen Personalausweis mit. Damit hatte ich nicht gerechnet.

Sagte mir der Vermieter: Ja, kein Problem, Sie sind die Erste. Können Sie morgen zu mir kommen in mein Büro?

Ja klar, konnte ich. Wollte er sie mir etwa 24 Stunden reservieren?

Klar, ich sei doch die Erste. Hartz-IV – macht ja nichts, da bekäme ich ja die Miete.

Sonstige Bonität?

Nö, nicht nötig. Er mache das nach Gefühl. Ich sei ihm recht. Hund – nein, kein Problem. Es gäbe noch zwei andere im Haus. Das gehe alles wunderbar.

Da kamen schon die Nächsten und wollten die Wohnung ebenfalls, auch gleich anzahlen und so.

Nein, die Wohnung sei für 24 Stunden reserviert, sie könnten gern auf die Warteliste.

Na, hat das Universum für mich gesorgt oder nicht?! Also, mein Vertrauen ist gestiegen.

Natürlich muss ich wieder selber Ziele formulieren etc. Ich war lange krank, hatte paar Sinnkrisen und so. Aber vorher klappte das, und im Kleinen klappt es wieder. Das Universum versorgt aber, wenn man das will ... Die Frage ist nur, ob man letztlich damit glücklich ist. Aber wenn man es wissen will – ja, dann klappt es. Das Universum hat so viel Liebe, dass es auch Beweise liefert, wenn jemand nicht mehr glauben kann!

Ich habe schon mit Leuten gesprochen, die sich umbringen wollten, Therapien etc. hinter sich hatten und zu der Bilanz gekommen sind, dass alles nicht lohne (die negative Bilanz ist so ziemlich der Punkt, an dem jeder Therapeut sagt, dann ist letztlich kein Halten mehr ...) . Dann hab ich offen das Gespräch darauf gebracht, dass ich meine, man könne notfalls, wenn man hier keinen Halt mehr habe, eine Pause auf der »anderen Seite« machen, sich helfen lassen von geistigen Wesen etc. Wenn die Müdigkeit so groß ist, gehe das. Nur leichter ist es nicht, und im nächsten Leben fange man halt mit all dem Mist noch mal an, denn letztlich muss man ihn irgendwann bestehen. Ich hab aber ausdrücklich offen gelassen, dass es auch »mit Pause« geht. Und das ist ja noch viiiiel existenzieller als nur materielle Verluste. Es geht um Leben und Tod. Keiner der Leute glaubte an Wiedergeburt bis dahin. Jetzt auch nicht. Aber sie leben noch!

Ich denke sehr, sehr positiv. Nämlich dass es einen Gott und eine liebende Intelligenz da draußen gibt. Und wenn ich einem Menschen keine Vorschriften mache, aber ihm helfe, unvoreingenommen all seine Motive zu erkunden und alle Seiten zu betrachten ohne warnenden Zeigefinger, dann wird Humus aus allen Illusionen. Sie zerbröseln sanft. Meine Aufmerksamkeit ist das Wasser; das öffnet die trockene Erde. Das Universum ist die ganze Zeit dabei, und wenn dann der Same der »wahren Erkenntnis«, des »göttlichen Kerns« in jedem Menschen endlich wieder atmen kann, dann bringt das Universum ihn zum Keimen. Und dann mag es Umwege geben, aber die Richtung stimmt ...

Beim Universum bestellen

Das habe ich ja nun ebenfalls vielfältig ausprobiert und mir alles, was anderweitig nicht zu beschaffen war, einfach herbeibestellt. Wobei das auch Grenzen hatte: Den perfekten neuen Job in meinem Alter zu bestellen, das wollte nicht klappen.

Ich habe daher mit Bärbel eingehend über den universellen Lieferservice gesprochen:

1. Wieso funktioniert das Ganze überhaupt?
2. Wann geht es und wann nicht? Was kann ich dazu beitragen?
3. Was geht? Was geht nicht?

Zunächst zu 1.: Man ist heute nicht mehr alleine, wenn man davon überzeugt ist, dass letztlich alles *eins* ist; alles ist miteinander verbunden und tauscht ständig Informationen aus. Auf subatomarer Ebene ist das auf verschiedenste Weise ausprobiert und bestätigt worden. Der Physiker Lothar Schäfer sagt, dass die erfahrbare Wirklichkeit an ihren Grenzen nicht im Nichts vergeht, sondern in Metaphysisches übergeht; physikalische Wirklichkeit grenzt an metaphysische Wirklichkeit (www.ekir.de/akademie/43159_33729.php).

Damit bezieht er die Erkenntnisse Heisenbergs ein, der es so formulierte: Quantenobjekte seien eine Möglichkeit, eine Tendenz zum Sein. Das soll heißen, dass nicht festgelegt ist, was sie sind. Wenn sie nicht beobachtet werden, verschwinden sie in eine Wolke von möglichen Seinszuständen. Mittlerweile haben Versuche gezeigt, dass sich auch Großmoleküle und Viren, wenn sie nicht beobachtet werden können, in die Potenzialität zurückziehen.

Das ganze wissenschaftliche »Geplapper« bedeutet letztlich, *dass der Geist eine Wirkkraft besitzt, mit der er ins materielle Geschehen eingreifen kann.* Mehr darüber erfährst du z. B. unter: www.was-ist-seele.de

Für uns bedeutet das, dass wir mit dem Universum kommunizieren und uns Energie und Hilfe von dort holen können. Wir können uns Hinweise holen, um zur richtigen Zeit am richtigen Ort das Richtige zu tun und um dann genau das zu erhalten, worum wir gebeten haben. Wir können uns Gelegenheiten bestellen – und das Universum liefert mit Begeisterung. Nur *ergreifen* müssen wir die Gelegenheiten selbst.

Zu 2.: Auch hier gibt es Naturgesetze. Eines davon lautet: *Je mehr meine Grundschwingung Liebe und Dankbarkeit ist, desto besser funktioniert meine Kommunikation mit dem Universum* (siehe Giuliana Conforto, »Das organische Universum«).

Genforscher haben herausgefunden, dass sich unser Genstrang entwirrt und streckt, wenn wir Gefühle wie Liebe und Dankbarkeit empfinden. Fühlen wir Stress, Angst und Sorge, verwirren sich die Genstränge wie Wollknäuel, mit denen eine Katze gespielt hat, und sind nicht mehr korrekt ablesbar. Das heißt: *Im Gefühl von Liebe und Dankbarkeit sind wir automatisch gesünder und außerdem besser angebunden an unsere Intuition* (siehe Gregg Braden, »Im Einklang mit der göttlichen Matrix«).

Mit dem Zugang zu allen metaphysischen Ebenen ist es das Gleiche: In der Energie von stabiler Liebe und Dankbarkeit kann ich die Informationen des Universums und meiner inneren Führung korrekt ablesen. Je gestresster und sorgenvoller ich bin, desto mehr Fehler mache ich.

Hier liegt das Problem, das wir als Arbeitslose oft haben: Wenn wir mit dem Schicksal hadern und verzweifelt, wütend, hoffnungslos und emotional völlig fertig sind, wird es sehr schwierig, mit der inneren Führung zu kommunizieren. *Unter emotionalem Stress kann man Eingebung und Einbildung nicht unterscheiden!*
Im Extremfall beginnen die Leute, sich völlig absurd zu verhalten, und rechtfertigen das mit ihren angeblichen spirituellen Eingebungen: »Ich weiß, die Königin von Soundso ist meine Seelengefährtin. Sie wird mich heiraten und alle meine Probleme sind gelöst. Das hat der Erzengel Pusemuckl mir gesagt.« Oder: »Ich habe keine Zeit,

vor die Tür zu gehen. Ich muss auf dem Sofa liegen und der heiligen Ottilifantia dienen, das hat sie mir befohlen.«

Es gibt sogar Untersuchungen, wie viele Menschen, die täglich und ausgiebig lange meditieren, schwer depressiv sind. Das sind erschreckend viele. Sie nutzen die Meditation als eine Art Droge, um vor sich selbst zu fliehen. Das bringt auf Dauer natürlich nicht weiter. *Es geht darum, Himmel und Erde zu verbinden, und nicht darum, der Erde zu entfliehen, indem man nur noch in den Himmel der Vorstellung davonschwebt.*

Aber gegen Einbildungen, Weltflucht und verfälschte Kommunikation mit dem Universum hilft die Kraft des inneren Lächelns. Es ist vielleicht die beste Antwort auf die Frage »Wie geht es und was kann ich dazu beitragen, damit der Draht nach oben besser funktioniert?«.

Die 3. Frage (»Was geht? Was geht nicht?«) werde ich im nächsten Kapitel beantworten.

Die Kraft des inneren Lächelns

Halte einmal deine linke Handinnenfläche in zirka 30 cm Abstand vor dein Gesicht und schau liebevoll lächelnd in sie hinein. Stell dir vor, dass zwischen deinem Herzen und deiner Handfläche Licht, Energie und Liebe hin und her fließen. Dazu kannst du dir einen Satz suchen, der die spürbare Kraft und Energie in deiner Handfläche zusätzlich aktiviert, zum Beispiel:

»Ich liebe dich und erlaube dir, geliebt zu werden (dir, der Handfläche).«

»Ich sehe das göttliche Licht in dir.«

»Du bist vollkommen, so wie du bist. Ich sende dir all meine Liebe.«

Setz dich dabei aufrecht, Schultern zurück; nimm die Körperhaltung eines kraftvollen glücklichen Menschen ein und lächle deine Handfläche an – egal ob du das Lächeln schon innerlich spürst oder nicht. Die Körperhaltung kommt als Signal im Unterbewusstsein an. Es reagiert darauf und passt die innere Chemie Stück für Stück an. Du sitzt aufrecht und lächelst breit? »Na gut, dann muss jetzt die innere Chemie in Richtung ‚gut drauf sein' angepasst werden«, denkt sich das Unterbewusstsein und gibt entsprechende automatische Aufträge in deinem System.

Und wenn du in guter Verfassung bist, stellst du dir zusätzlich bei jedem Atemzug vor, der Atem fließe in die Handfläche. Oder atme in Gedanken direkt mit der Handfläche ein und aus.

Mach das zirka drei Minuten lang. Dann vergleichen wir: Fühlt sich die linke Handfläche nun anders an als die rechte? Natürlich. Und wie! Die linke Handfläche befindet sich nun im aktivierten, angebundenen Zustand. Wenn du in diesem Moment mit dem Universum, mit deiner inneren Weisheit oder sonst wem im Metaphysischen kommunizieren willst, dann tu es durch die linke Handfläche. Die linke Hand ist jetzt vollkommen auf die Verbindung eingestellt.

Die rechte kannst du momentan vergessen. Es wird nur Unfug herauskommen, wenn du die völlig inaktivierte, dumpfe, ahnungslose rechte Handfläche in diesem Zustand irgendetwas fragen willst ...

Verstehst du, was ich damit sagen will? Du musst den göttlichen Funken in dir aktivieren, damit du Kontakt aufnehmen kannst. Es ist unmöglich, über eine verstopfte, verklebte, seit Ewigkeiten unbenutzte energetische Leitung mit dem Universum kommunizieren zu wollen. Erst musst du die Leitung wieder freilegen. Ich mache das seit Jahren mit Zen. Aber das ist nur ein Weg von unendlich vielen möglichen Wegen.

Probier es mit dem inneren Lächeln. Setz oder stell dich aufrecht hin, die Schultern sind geöffnet (»Brust raus ...«). Nee, nee, nicht hinlegen, auf keinen Fall! Warum nicht? Weil wir Menschen zu 90 Prozent auf Automatik laufen. Wir beide, du und ich, wissen doch ganz genau: Sobald du dich hinlegst, schaltet die Automatik auf Tagträumen, Wegdriften und Abhängen.

Wenn du dagegen kerzengerade dastehst oder sitzt, mit einem breiten Lächeln im Gesicht, dann gibt es dazu vermutlich gar keine Automatik in dir. Das bewirkt unweigerlich, dass das Unterbewusstsein hellwach ist und aufpasst, was jetzt passiert, damit es weiß, welche neue Automatik es anlegen darf, falls du dieses unbekannte Spiel öfter wiederholen solltest.

Kerzengerade stehen oder aufrecht sitzen und stets lächeln – und nun stell dir vor, dass du deinen ganzen Körper innerlich anlächelst. Geh alles durch: Lächle die Füße von innen an und streichle sie gleichsam mit deinen geistigen Händen. Lächle die Beine, die Knie, die Hüften an. Auch alle Organe werden angelächelt. Lächle dein Lächeln von innen an, die Augen, das ganze Gesicht, die Zähne. Alles wird angelächelt und innerlich gestreichelt. Danach streichle dich selbst äußerlich und ganz physisch! Weiterhin lächeln. Erinnere dich an die glücklichsten Momente deines bisherigen Lebens und streichle dich selbst dabei.

Je öfter du das tust, desto schneller bildet sich ein neuer Automatismus. Du kannst das Gefühl, glücklich zu sein und mit dir selbst verbunden zu sein, an die aufrechte Körperhaltung (Schultern zurück) und an das Lächeln binden. Schon nach wenigen Wochen wird sich das Gefühl automatisch einstellen, sobald du diese Haltung einnimmst.

Und in dieser Haltung und Energie kannst du dann auch mit deiner inneren Weisheit kommunizieren, mit dem Universum, mit der Intuition oder wem auch immer. Je klarer, reiner und stabiler dein gutes Gefühl ist, desto klarer und stimmiger wird die innere Führung sein.

Hier eine kleine Liste, welches Organ du bei welchen emotionalen Problemen besonders anlächeln kannst:

- *Trauer und Kummer* sitzen in der *Lunge*. Wenn du dich traurig fühlst, lächle deine Lunge an und atme Licht und Liebe in die Lunge, bis sie sich wieder freier anfühlt.
- *Zorn und Ärger* rumoren in der *Leber*. Atme Licht und Liebe in die Leber, wenn du zornig und ärgerlich bist, und lächle sie an.
- *Angst und Furcht* sitzen in der *Niere*. Befreie sie, indem du die Nieren liebevoll anlächelst und Licht und Liebe dorthin atmest.
- *Sorgen und Ängstlichkeit* sitzen in der *Milz*. Lächle Milz und Magen an und atme Licht und Liebe dorthin, wenn das deine im Moment vorherrschenden Gefühle sind.

❧ *Grausamkeit, Hastigkeit und Ungeduld* verkrampfen das *Herz* und werden dort gespeichert. Daher auch der Ausdruck »hartherzig« für grausame Menschen. Wenn dir das Leben übel mitgespielt hat und du nun diese Gefühle in dir entdeckst, lächle weich und liebevoll in dein Herz. Atme Licht und Liebe dorthin.

Mit dem inneren Lächeln löst du die Energieblockaden in den Organen und befreist die gestauten negativen Gefühle. Du kommst wieder in Fluss. Das Chi oder Prana (oder wie auch immer du die Energie nennen willst) des Universums kann wieder durch deinen Körper fließen. Du bist wieder angebunden und in Kontakt. Jetzt kannst du Eingebung und Einbildung gut unterscheiden. Jetzt kommst du mehr und mehr ins Vertrauen. Jetzt kannst du ganzheitlich entscheiden und beim Universum bestellen – nämlich mit Herz und Verstand. Du kannst deinem Verstand trauen, wenn du im Fluss bist. Im Zustand der energetischen Blockade fallen dir nur Dinge ein, die dich tiefer in die Blockade hineinreiten.

Je mehr du dich selbst innerlich anlächelst, je mehr du deine Organe anlächelst, desto mehr Klarheit und inneren Durchblick gewinnst du – und dann kannst du die Kräfte des Universums voll nutzen.

Kommen wir zur 3. Frage aus dem Kapitel zuvor: Was geht? Und was geht nicht?

- Dich hinsetzen und dich vom Universum energetisch auftanken lassen geht immer. Du kannst dir Energie und innere Ruhe bestellen und wirst allein durch das Lenken der inneren Aufmerksamkeit mehr von beidem erhalten. Langfristig gesehen wirst du offener für Gelegenheiten, die dich mit Energie auftanken und die dir Ruhe und Zuversicht geben.
- Dich hinsetzen und mit der Urschöpfung und dem Universum gedanklich Licht und Liebe austauschen geht immer. Auch das klingt profan und kann trotzdem dein ganzes Leben verändern, wenn du es regelmäßig praktizierst.
- In Stille sitzen und einfach deinen Atem, deine Gedanken und inneren Prozesse beobachten, nicht werten, sondern alles in Liebe annehmen – das geht immer. Ein kleines Mantra bei Gedanken, die dir nicht so gut gefallen, kann die positiven Effekte verstärken: »Hallo, auch du begrenzender Gedanke darfst sein, es ist okay, dass du da bist. Ich liebe mich trotzdem, so wie ich bin.«
- Dich selbst innerlich anlächeln und Licht und Liebe in allen deinen Zellen visualisieren geht immer.
- Dich mit kerzengeradem Oberkörper hinsetzen und dich anlächeln und mit inneren Händen streicheln geht immer.

All diese Dinge stärken dich; sie kräftigen deine Gesundheit und helfen dir bei der inneren Kommunikation mit deiner Intuition, deiner inneren Führung und mit dem Universum.

Was kann man konkret bestellen?

Wann immer du das Universum um Hilfe bittest, damit du wieder in deine Kraft kommst und damit du wieder mehr die Verantwortung für dich selbst übernehmen kannst, machst du es richtig.

Wann immer du bei etwas um Hilfe bittest, das du schon selbst probiert hast, ohne weiterzukommen, machst du es richtig.

Wenn du dich hingegen ans Universum wendest oder in Vorstellungswelten fliehst, um der bösen Wirklichkeit zu entrinnen, oder wenn du das Universum befragst, um die Verantwortung für dein Leben an irgendwelche geistigen Wesen abzugeben – sorry, dann machst du es falsch.

Richtig wäre zum Beispiel: »Liebes Universum, ich brauche eine neue Waschmaschine (einen Freund, eine neue Wohnung etc.). Was kann ich tun? Was ist der nächste Schritt, den ich dazu beitragen kann? Ich möchte die Verantwortung für mein Leben und für mich wieder ganz übernehmen – bitte hilf mir dabei. Was kann ich tun?«

Du kannst an konkreten Dingen bestellen, was du willst: Das Universum hört immer zu. Es geht somit fast alles, das nicht total die Spielregeln des Lebens umwirft.

Was meistens passiert: Du erhältst innere Eingebungen. Gelegenheiten tauchen auf, die dir helfen, das
Gewünschte zu erreichen.

Was *nicht* geht: Nach einer Bestellung beim Universum
auf dem Sofa liegen zu bleiben in der Hoffnung, dass das
Universum persönlich an der Tür klingelt, dich vom Sofa
zieht und in einer Sänfte an den Ort der richtigen Gelegenheit trägt.

Was auch *nicht* geht: Dinge zu bestellen, die mit deinem
Schwingungsniveau überhaupt nicht zusammenpassen.
Mal angenommen, du wärst schon 85 Jahre alt, sehr
wohlbeleibt und möchtest gerne beim Fernsehballett
mittanzen ... Das wird wohl »ernsthaft« kaum möglich
sein.

Was geht: Erhöhe deine Schwingung durch das innere
Lächeln und sei offen für ganz verrückte Gelegenheiten.
Im Fitness-Studio habe ich einen 85-Jährigen getroffen, der erstaunlich beweglich und gesund ist. Wenn du
deinen Körper wieder so fit bekommst und außerdem
lustig drauf bist – vielleicht landest du bei der nächsten Karnevalssitzung doch noch im Fernsehballett und
erhältst sogar den Seniorballerina-Orden.
Das Leben hat Spaß daran, solche vogelwilden Gelegenheiten für dich zu erschaffen. Aber die Schwingung
deiner Bestellung muss annähernd zur deinen passen.

Ein Mensch, der emotional instabil ist und über mehr eingebildete als echte Fähigkeiten verfügt, wird nicht so leicht als Führungsperson akzeptiert. Da hilft auch das schönste Bestellen nicht. Erst ist Arbeit an dir selbst gefragt. Wenn du die Führungsperson von innen heraus bist, laufen dir die Gelegenheiten von alleine hinterher.

Wenn du kein Gespür fürs Kochen hast, aber Koch werden willst, taugst du beruflich wegen deiner Fähigkeiten und der Übereinstimmung der Schwingungen höchstens für die Frittenbude an der Ecke. Wenn du allerdings kochst wie ein junger Gott und in irgendeiner ollen Kneipe anfängst, trudelt früher oder später ein Angebot von der nächstbesseren Wirtschaft ein. Und wenn du zielstrebig weiter deine Schwingung und deine Fähigkeiten erhöhst, kannst du auch zum Erfolgskoch im Nobelrestaurant avancieren.

Den Anteil universeller Magie an manchen Lieferungen des Lebens kann man sowieso nicht erklären oder herbeidiskutieren. Man muss sie erleben, in allen Zellen spüren und sie immer wieder erfahren. Dabei handelt es sich nicht immer um große Sachen. Aber gerade die kleinen Begebenheiten können unseren Lebensmut steigern und uns unser Vertrauen ins Leben und unsere Zuversicht zurückgeben.

Hier drei Beispiele aus Bärbels »Geschichten-Sammlung« wie es – im Kleinen – laufen kann:

Ein Teilnehmer eines meiner Lebensfreude-Seminare erzählte mir, dass die Parkplatzbestellungen wirklich immer gut klappten. Mit einer Ausnahme, denn einmal habe er wirklich lange gesucht und musste dann auch ziemlich weit weg parken. Als er schließlich am Veranstaltungsort ankam, wo er einen Kurs hätte abhalten sollen, stellte sich heraus, dass kein einziger Schüler da war, weil der Kurs an diesem Tag ausfiel. Das fand er genial. Es war, als hätte das Universum schon gewusst, dass er an diesem Tag eigentlich gar keinen Parkplatz brauchte.

***

Eine Freundin von mir und gleichzeitig Mutter der besten Freundin meiner Kinder erzählte mir eine lustige Begebenheit von wiederum ihrer Freundin: Diese hatte sich mit dem Auto irgendwo verfranst; sie fand und fand die Straße nicht, zu der sie hinmusste. In ihrer Verzweiflung wandte sie sich schließlich sogar an ihre Kuscheltiere, die immer im Auto mitfuhren: »Mensch, Kuscheltiere, helft ihr mir doch. Ich habe einfach keine Ahnung, wie es weitergeht ...«
An der nächsten Ampel reichte es ihr. Sie sprang einfach schnell aus ihrem Wagen heraus und klopfte an die Scheibe des Autos neben ihr, um die Fahrerin nach der betreffenden Straße zu fragen. Prompt antwortete die Frau: »Ach, genau da muss ich auch hin. Fahren Sie mir doch einfach hinterher.«
»Und soll ich dir was sagen«, erzählte die Verirrte später

meiner Freundin: »Das Auto von dieser Dame war voll mit Kuscheltieren! Ist das nicht irre? Gerade so, als hätten die Kuscheltiere einen Kuscheltier-Rundruf gestartet, um herauszufinden, wie wir ans Ziel kommen.«

Keine große Sache, oder? Aber je mehr solcher Erlebnisse du hast, die dir ein kleines erstauntes Kribbeln in der Magengegend verschaffen, desto zuversichtlicher wirst du, weil du darauf vertraust, dass sich auch in verfransten Situationen eine Lösung finden wird. Erinnere dich an die Frau ohne Geld, aber mit Hund, die auf Wohnungssuche war. Und genau dieses Vertrauen weist dir dann den Weg.

So war es auch bei Lars während seiner Radeltour durch die USA:

Lars fuhr von San Francisco nach San Diego und wollte von dort durch die Wüste ins Landesinnere. Etwas Sorgen machte er sich allerdings, weil er nur einen dünnen Sommerschlafsack hatte, obwohl es in der Wüste nachts empfindlich kalt werden konnte. Für einen wärmeren hatte er kein Geld. Er vertraute also darauf, dass alles gut gehen würde, und ging in ein Café, um noch etwas zu trinken, bevor er Richtung Wüste losfuhr.
Kurz darauf kam eine Frau in das Café und obwohl sonst kaum Gäste da waren, fragte sie Lars, ob der Tisch neben ihm frei sei.

Es stellte sich heraus, dass sie mit ihm ins Gespräch kommen wollte, weil sie gerade von dem Wunsch getrieben wurde, ebenfalls so frei durch die Lande zu reisen wie er. Sie traute sich allerdings noch nicht so ganz.

Im Lauf des Gesprächs erfuhr sie, wo Lars hinwollte, und betrachtete seinen dünnen Sommerschlafsack. Prompt bot sie ihm an, ihm ihren alten Winterschlafsack zu schenken. Er fuhr mit ihr zu ihrer Wohnung und bekam einen super-luxuswarmen Winterschlafsack, mit dem er bestens durch die Wüste kam.

Für Lars war das ein Zeichen, dass alles mit allem verbunden ist und dass innere Resonanz und Vertrauen ins Leben erstaunliche Gelegenheiten schaffen können.

»Hilf dir selbst, dann hilft dir Gott«, sagt der Volksmund dazu. Es hätte Lars den warmen Schlafsack gewiss nicht herbeigezaubert, wenn er mit einer Jammermiene am Straßenrand herumgehockt wäre.

Um eine weitere Form von »Hilf dir selbst« geht es auch im nächsten Kapitel.

Erledige das, was du am wenigsten tun willst, als Erstes

Kennst du »böse Briefe«? Mahnungen, Rechnungen, die man nicht bezahlen kann, Briefe vom Gerichtsvollzieher, Schreiben vom Anwalt, endlose Formulare, die man eigentlich ausfüllen müsste, und so weiter und so fort. Viele Menschen, die ich berate, stapeln diese bösen Briefe in irgendeiner dunklen Ecke und gucken gar nicht erst hinein. Wochenlang nicht.

Mal abgesehen von dem offensichtlichen Effekt, dass weiteres Verschleppen die Probleme noch verstärkt, birgt die dunkle Ecke mit den ungeöffneten bösen Briefen auch ein energetisches Risiko: Das ist so, als hätten wir einen Teil unserer Energie und unseres allgemeinen Tatendrangs dort mit abgelegt. Eine solche Ecke wirkt lähmend und blockierend und ist der Intuitions- und Aktionskiller schlechthin.

Die unangenehme, aber einfache Lösung lautet: Erledige jeden Tag gleich als Erstes etwas, das du am allerwenigsten tun willst.

Ich mache mir mittlerweile Listen, denn getreu dem Motto »Ein Unglück kommt selten allein« fallen solche besonders unangenehmen Dinge entweder gar nicht an oder gleich zu mehreren auf einmal. Auf meiner Liste steht alles, was ich am liebsten gar nicht machen und verdrängen würde. Ganz oben steht das, wovor es mir am meisten graut, dann folgt das Zweitschlimmste und so weiter.

Wenn ich am Morgen aufstehe, gehorche ich einer Abmachung mit mir selbst: Noch vor dem Morgenspaziergang, vor dem Frühstück, vor dem Duschen packe ich Nummer 1 auf meiner Buh-Liste an – wenn möglich. Formulare ausfüllen und Briefe beantworten – das geht zu jeder Tageszeit. Falls ich irgendwo anrufen muss und das Büro dort erst ab 10 Uhr besetzt ist, »darf« ich natürlich zuerst frühstücken, spazieren gehen, duschen. Aber danach gibt es kein Leckerli mehr – wie etwa Teetrinken mit der besten Freundin –, bis nicht der oberste Buh-Punkt abgehakt ist.

Beim ersten Mal war das eine Riesenüberwindung. Wahnsinn, welche Taktiken dem inneren Schweinehund eingefallen sind, um zu verhindern, dass er an Top 1 der Buh-Liste gehen kann. Urplötzlich musste ich aufs Klo (war grad erst); dort lag die Zeitung von gestern, und ehe ich es mich versah, las ich eine halbe Stunde lang Zeitung im Bad, um nur ja nicht wieder vor dem Angstpunkt zu stehen.

Dann hatte ich natürlich Hunger und Durst und vielleicht war es ja doch wichtiger, erst noch die und den anzurufen, ach ja, und war ich nicht mit Etagendienst und dem Putzen des Treppenhauses an der Reihe? Plötzlich war es Abend und ich hatte die lästige Aufgabe wieder nicht erfüllt.

Irgendwann war Schluss: Noch im Schlafanzug habe ich Buh-Punkt Nummer 1 erledigt. Wow, was für ein Gefühl! Mir fiel nicht ein Stein vom Herzen, sondern ein ganzes Gebirge. Dieses Gefühl habe ich mir eingeprägt und täglich so weitergemacht, bis die schlimme Liste abgehakt war. Also: Immer das, was man am wenigsten erledigen will, zuerst machen.

Für mich war das die Offenbarung schlechthin. Denn nach jedem erledigten Punkt auf meiner Liste der Dinge, die ich *nicht* tun will, fühle ich mich derart befreit, stolz auf mich selbst und energetisiert, dass ich an so einem Tag noch tausend andere Dinge erledigen kann, und zwar mit vollem Schwung und Elan.

Eine Dame, die gar nicht mehr aus ihrem Phlegma hochkam, schrieb auf ihre Buh-Liste: »Was ich gar nicht tun will: Sport, spazieren gehen, mich gesund ernähren.«

In der Beratung verabredeten wir, dass sie morgens, bevor sie sich anzieht, wenigstens 30 Sekunden lang Kniebeugen, Sonnengebete (aus dem Yoga) oder sonstige Körperbewegungen absolvieren muss.

Zum Mittagessen muss sie mindestens einen Zentimeter rohe Karotte und ein Viertel Salatblatt essen und nach dem Essen einmal vor ihrer eigenen Haustür auf- und abgehen (mindestens 5 Meter).

Das hört sich absurd an. Aber für sie war das schon ein Fortschritt und ein erstes Aktivwerden. Von da an ging es »nur noch« darum, die Dosis zu steigern, denn der Schritt, aus totaler Passivität wieder zum Aktivsein zu finden, war bewältigt. Heute spaziert sie täglich eine Dreiviertelstunde, isst eine große Portion Salat und nimmt einmal die Woche an einem kostenlosen Gymnastikangebot teil. Daran war vor einem halben Jahr nicht zu denken.

Eine Frau aus Bärbels Wohngegend erzählte ihr, sie sei eines Sommers so abgebrannt gewesen, dass sie nicht mehr wusste, wovon sie etwas zu essen kaufen sollte. Sie schloss die Augen, stellte sich vor, sie würde sich mit dem Universum verbinden, und bat um eine Eingebung. Ihr kam die Idee, Hunde privat zu betreuen. Viele Tierbesitzer wollen ihren Liebling nicht in eine anonyme Hundepension geben, wenn sie mal wegmüssen, und sind froh über eine Pflege in einem privaten Haushalt.

Die Dame machte die Augen auf, setzte sich an den Computer und schrieb ein Online-Inserat: »Biete private Hundebetreuung, wenn Sie auf Reisen sind.«

Es dauerte keine zehn Minuten, bis sie bereits den ersten Auftrag hatte (die Preise gewerblicher Hundepensionen hatte sie vorher übers Internet verglichen). Bezahlung im Voraus. Noch am selben Tag kam Geld und damit Essen ins Haus.

Ich habe übrigens Bärbel gefragt – und glaub es oder glaub es nicht: Sie hat ebenfalls solche Buh-Listen. Sie heißen bei ihr anders: Erledigungslisten. Die unerfreulichsten Dinge wie Steuererklärung, Verträge aushandeln, schwierige E-Mails beantworten, den ältesten Papierstapel im Büro durchgehen etc. sind rot markiert und müssen zuerst erledigt werden. Sie entscheidet jede Woche neu, was rot angestrichen wird und was zuerst dran ist.

Tue etwas Unliebsames sofort, egal wie wenig es sein mag! Danach hast du auch viel mehr Freude daran, dich mit den geliebten Dingen zu belohnen. Aber mal ehrlich: Mit einem ewig schlechten Gewissen im Hintergrund macht der schöne Rest doch automatisch weniger Spaß.

Die geheime Wirtschaftsmacht der Arbeitslosen

Wir sind als Arbeitslose nicht gerade wenige. Vor einiger Zeit erzählte mir jemand den folgenden Witz:

Zwei Außerirdische landen zufällig irgendwo auf der Erde. Ihr Raumschiff ist in einer verrotteten Gegend niedergegangen. Nun laufen die beiden Außerirdischen neugierig durch die Siedlung. Sie sehen, dass die Leute passiv und apathisch im Dreck sitzen. Die Häuser sind kaputt, aber keiner bessert sie aus. Überall liegt Dreck herum, aber keiner räumt ihn auf. Keiner unterrichtet die Kinder, keiner hilft den Hilfsbedürftigen, keiner sät oder erntet irgendetwas, keiner liest etwas.
»Warum tut ihr denn alle nichts?«, fragen sie schließlich einen der Bewohner.
»Weil wir kein Geld haben«, lautet die Antwort.
Die Außerirdischen fliegen wieder nach Hause und schreiben in ihr Bordbuch: »Kein intelligentes Leben auf der Erde vorhanden.«

Hast du schon mal von Tauschringen und komplementären Währungen gehört? Laut Bernard A. Lietaer soll es bereits weltweit 1500 verschiedene Komplementärwährungen geben (siehe B. Lietaer, »Das Geld der Zukunft« oder B. Lietaer und Margrit Kennedy, »Regionalwährungen: Neue Wege zu nachhaltigem Wohlstand«).

Stell dir vor, wir, die Arbeitslosen, würden nicht frustriert und mit völlig massakriertem Selbstwertgefühl blässlich in der Kurve hängen, sondern wir würden aufstehen, uns fit und gesund halten, alle zusammenhalten und den »Alo« als unsere gemeinsame Währung einführen: einen Hessen-Alo, einen Bayern-Alo und so weiter. Ein Euro entspricht einem Alo.
Jeder von uns kann etwas, und wer Initiative zeigt, gewinnt früher oder später auch Förderer. Irgendein Bauer findet sich immer, der einem für den Gemüseanbau auf Alo-Basis ein Stück Land abzweigt. Oder einer hat einen Garten und fängt dort mal an. Wir haben eine Riesenmacht in den Händen. Je mehr wir sind, desto mehr Macht hätten wir, ein ergänzendes Finanzsystem, unabhängig vom globalen Normalgeldsystem, aufzubauen. Lasst es uns angehen!
Die genauen Tipps und Tricks zur Einführung einer alternativen Währung oder zur Nutzung von Tauschringen erfahrt ihr im Web bzw. in Büchern von Finanzexperten wie Lietaer oder in den regional schon vielfach bestehenden Tauschringen.

www.Joytopia.net ist ebenfalls ein originelles Projekt. Man gibt seine Wünsche im »Markt der Möglichkeiten«

ein und tritt mit anderen Teilnehmerinnen und Teilnehmern des Forschungsprojektes in schenkwirtschaftlichen Austausch.

Japan ist diesbezüglich am aktivsten und testet gerade 40 verschiedene Komplementärwährungssysteme parallel.
Eine dieser japanischen Komplementärwährungen ist eine Zeitwährung in der Altenfürsorge. Jeder, der eine Stunde lang pflegebedürftige Personen betreut, bekommt dafür eine Stunde auf seinem Zeitkonto gutgeschrieben. Diese Stunden kann man aufheben, bis man selbst alt ist, oder man kann sie den eigenen Eltern oder Großeltern überschreiben, wenn diese in einem anderen Teil des Landes wohnen.
Genial daran: Diese Währung ist völlig unabhängig vom Geldsystem. Eine Stunde ist eine Stunde und bleibt immer eine Stunde. Inflationen in dieser Währung kann es nicht geben.

Auf Bali kommt seit über 1000 Jahren ein anderes Zeitwährungssystem mit großem Erfolg zum Einsatz – es nennt sich Banjar. Grob gesagt betrachten die Balinesen Zeit als eine Form von Geld. Die meisten sind sogar der Auffassung, dass Zeit wichtiger sei als Geld, da sie den Zusammenhalt innerhalb der Gruppe stärkt.
Banjar ist eigentlich eine Planungsgruppe von 750 bis 1200 Mitgliedern. Sie werden von 150 bis 260 Haushaltsvorständen im Rat repräsentiert. Jedes Mitglied

bringt einen Teil seiner Zeit in seine Gruppe ein und kann bei Bedarf Zeit von der Gruppe fordern. Die Räte verteilen die Zeiteinheiten.

Wer schludert oder schwänzt, wird mit Zeiteinheiten-Entzug bestraft. Sollte dann eine Hochzeit, eine Beerdigung oder eine andere zeitaufwendige Tätigkeit anstehen, muss man den Kraftakt alleine meistern und bekommt keine Zeit, also keine Unterstützung und Hilfe mehr von der Gruppe.

Folge davon ist, dass es auf Bali unter anderem 5000 Tanzgruppen gibt, die bei diversen Tempelfesten aktiv werden. Jeder kann mitmachen, egal ob arm oder reich. Die reichen Gruppen haben festlichere Gewänder beim Tanzen, aber getanzt wird bei den Armen ganz genauso, denn sie verfügen im Zweifel sogar über mehr Zeiteinheiten zum Üben als die reichen Gruppen.

Das stärkt das Sozialgefüge – Geld ist nicht nötig dafür. Außerdem gilt Bali als die einzige Region der Welt, die sich trotz eines starken Tourismus von ihren Traditionen und dem gemeinschaftlichen Leben nicht abbringen lässt. Es wird stark vermutet, dass dies an Banjar liegt, denn diese Gruppierungen sind mit dem Geld der Touristen nicht zu beeindrucken, da im Banjar nur Zeiteinheiten zum Einsatz gebracht werden.

Ich denke, wer in dieser Richtung aktiv wird, tut das Beste für sich selbst und für sein gesamtes Umfeld. Aus meiner Sicht ist das der nächste Schritt, wenn man einmal arbeitslos glücklich geworden ist. Es gibt keinen Grund, auf Godot (sprich: die politisch initiierte Vollbeschäftigung) zu warten, der (die) nicht kommt. Wir müssen nur erkennen, wie viel Macht wir eigentlich selbst haben.

Das Geldsystem hat seine gegenwärtige Macht nur, weil wir sie ihm geben.

Wer mehr wissen möchte, findet auf www.margritkennedy.de und in Margrit Kennedys Büchern alles, was man braucht, inklusive vieler weiterführender Links. Wer die kürzere Zusammenfassung zu diesem und verwandten Themen bevorzugt, kann sie ab Herbst 2009 in Bärbels Buch »Große Krise – große Chance« nachlesen.

Bärbels Mann hat einen Artikel in der »Süddeutschen Zeitung« gefunden, wonach die Bundesagentur für Arbeit im Februar 2008 offiziell 3,6 Millionen Arbeitslose gemeldet hat.

Wenn man jedoch nachfragt, wie viele Menschen Arbeitslosengeld bekommen, dann sind es auf einmal 6,2 Millionen im selben Februar 2008.

Wie das? Ganz einfach: Regierung und Bundesagentur für Arbeit rechnen die Zahlen schön, indem sie alle Arbeitslosen über 58 herausnehmen, zudem alle, die 1-Euro-Jobs machen, und alle, die an irgendwelchen »Maßnahmen« (Förderungen, Berufsberatungen etc.) teilnehmen. Das ergibt dann schwuppdiwupp nur noch 3,6 statt 6,2 Millionen.

Die »Süddeutsche« schrieb weiter, dass ein römischer Senator einmal vorgeschlagen habe, allen Sklaven weiße Armbänder zu verpassen, damit man sie von den Freien unterscheiden könne. Der Senat lehnte diesen Vorschlag jedoch ab mit der Begründung, die Sklaven würden dann ja sehen, wie viele sie sind, und aufständisch werden. (Der Text der »Süddeutschen« basiert laut Angaben auf dem Buch »C(r)ashkurs – Weltwirtschaftskrise oder Jahrhundertchance? Wie Sie das Beste aus Ihrem Geld machen«. Der Autor Dirk Müller, besser bekannt als Mr. Dax, ist Deutschlands prominentester Kursmakler.)

Mit unseren heutigen Arbeitslosen ist es ganz ähnlich: Solange ein Arbeitsloser glaubt, er gehöre einer kleinen Minderheit an, denkt er automatisch, nur er selbst sei zu nichts zu gebrauchen und schaffe es deshalb nicht, einen Job zu finden. Als Resultat dieses Wahrnehmungsfehlers hängt er passiv vor dem Fernseher herum.
Wüssten die Arbeitslosen jedoch, wie viele sie sind, bestünde Gefahr, dass sie anfangen nachzudenken: »So viele Unfähige? Das kann ja gar nicht sein! Lasst uns doch mal gemeinsam überlegen ...«

Und schon sind wir wieder bei den Möglichkeiten, die uns Regionalwährungen bieten (in denen sich viel leichter ein Grundeinkommen realisieren lässt). 6,2 Millionen Menschen, die ein paralleles System mit alternativen Währungen aufbauen würden, wären eine nicht zu übersehende Wirtschaftsmacht – eine, in der viele Gesetze völlig neu erfunden und definiert werden könnten. »Nichts schlimmer als das«, denken sich die Herrscher des gegenwärtigen Geldsystems und vertuschen, wo es nur geht ...

Wie lange wollen wir den Unfug glauben? Wie lange wollen wir uns unser Selbstbewusstsein von anderen madig machen lassen? Wie lange wollen wir passiv herumsitzen, anstatt uns selbst neu zu organisieren?
Heh Leute, auf geht's, macht mit! Schaut euch an, was ich schon alles erreicht habe – das könnt ihr auch! Gemeinsam können wir noch viel mehr!

www.accessfoundation.org
www.chiemgauer.org
www.Chiemgauer-regional.de
www.freigeld.de/AssozWirtNeuro.pdf
www.jochum-mueller.at
www.margritkennedy.de
www.monneta.org
www.openmoney.org/go/cc.html
www.regionetzwerk.de
www.roland-regional.de
www.tauschkreis.net
www.zart.at
(Links aus dem Buch »Regionalwährungen« von Margrit Kennedy und Bernard A. Lietaer)

Schritt für Schritt aus dem Elend und hinein ins Glück

- Aktiv werden im Kleinen: 30 Sekunden Morgengymnastik, ein Salatblatt essen, 5 Meter spazieren gehen ...

- Erledige das, was du am wenigsten tun willst, als Erstes.

- Belebe deinen Körper in der nächsten Phase: täglich 40 Minuten spazieren gehen.

- Entgifte deinen Körper: Geh in die Bücherei und leih dir »Wir fressen uns zu Tode« von Galina Schatalova. Ein gesunder Mensch mit guter Energieanbindung ans allgegenwärtige Prana oder Chi braucht nur 250 Kalorien am Tag, um fit und gesund zu leben. Du sparst Geld und lebst auch noch gesünder. Omega-Garden bietet Produkte, um dich selbst zu Hause mit gesundem Obst und Gemüse zu versorgen. Du brauchst zwar vermutlich einen Sponsor für die Anschaffung – aber such doch einen! Wenn er dafür die Hälfte deiner Ernte bekommt, findet sich vielleicht sogar einer. http://www.omegagarden.com/index.php?content_id=1500

- Übe lächeln. Das macht gesünder und zuversichtlicher und stärkt deine Intuition und die Fähigkeit, Gelegenheiten zu erkennen und zu nutzen.

- Arbeite an deinem Selbstwertgefühl und deiner Selbstliebe. Du bist wertvoll, weil du ein Mensch bist, nicht weil du dieses oder jenes Einkommen hast.

- Fang mit ehrenamtlichen Arbeiten an. Finde heraus, was du gerne tust, was du gut kannst, wo du mit Freude etwas zum Ganzen beitragen kannst. Erlebe das Gefühl, dass dir kein Chef Druck machen kann. Entwickle dich und deine Fähigkeiten völlig frei.

- Setz deine neu erworbenen und die alten Fähigkeiten in alternativen Währungssystemen, Tauschringen und Schenkwirtschaftskreisen ein. Gib reichlich und ernte reichlich. Stell fest, dass du auch ohne Geld in Fülle leben kannst.

- Und wenn dir schließlich und endlich aufgrund deiner positiven Ausstrahlung, deiner vielfältigen Erfahrungen und deiner überwältigenden Kontakte die mit Geld bezahlten Jobs nur so hinterhergeworfen werden, dann kannst du dir immer noch überlegen, ob du vielleicht ein besonders attraktives Teilzeitangebot tatsächlich annimmst – oder gar einen Ganztagsjob.

♦ Glaub es mir: Diese Angebote lassen sich von einem bestimmten Punkt an gar nicht verhindern. Weißt du, wie viele der Angestellten, die du vielleicht jetzt in diesem Moment noch beneidest, auf ihren Job keinerlei Lust mehr haben und innerlich gekündigt haben? Die Zahlen sind horrend. Laut Umfragen 2008 machen 64 Prozent der Angestellten Dienst nach Vorschrift und 24 Prozent haben innerlich gekündigt.

♦ Und jetzt kommst du daher, strahlend und gut gelaunt, weil du dich selbst von Grund auf aufgebaut hast; du hast dich bei ehrenamtlichen und mit Tauschgeld bezahlten Tätigkeiten super weitergebildet und lebst dein Potenzial hervorragend aus. Die Arbeitgeber würden sich nach so jemandem die Finger lecken. 88 Prozent »Bocklose«, Frustrierte, Arbeitsmüde – das muss man sich mal auf der Zunge zergehen lassen.

Der Vermittlungsgutschein

Weißt du, dass jeder Arbeitslose, der mindestens acht Wochen lang Leistungen empfängt, Anspruch auf einen Vermittlungsgutschein hat?

Der Gutschein ist auf den Namen des Arbeitslosen ausgestellt und 2000 Euro wert. Du kannst damit zu irgendeinem privaten Arbeitsvermittler gehen (in München gibt es um die 65, du brauchst sie nur im Internet zu googlen). Ein guter privater Arbeitsvermittler schafft es, pro Monat 8 bis 12 Leute mit neuen Stellen zu versorgen. Sechs Wochen nach der erfolgreichen Vermittlung erhält er 1000 Euro, und wenn der Betreffende den Job nach einem Jahr noch hat, die zweiten 1000 Euro. Multipliziere das mit 8 bis 12 pro Monat. So ein Arbeitsvermittler ist hoch motiviert, den gelungenen Kontakt zwischen Arbeitssuchenden und Firmen herzustellen. Anders als für die völlig überlasteten Mitarbeiter der Arbeitsämter lohnt sich das. Es muss nicht einmal ein Vollzeitjob sein. Es reichen 15 oder mehr Stunden pro Woche in einem unbefristeten Arbeitsverhältnis.

Wenn du wieder zurück in die normale Arbeitswelt willst und dich mit den Ratschlägen aus diesem Buch aufgepeppt und wiederbelebt hast, brauchst du dich nur an deinen Sachbearbeiter bei der Agentur für Arbeit zu wenden und ihn auf den Vermittlungsgutschein anzusprechen. Je mehr ehrenamtliche Erfahrungen du hast und je mehr du aus dir selbst und deiner unfreiwilligen Freizeit gemacht hast, desto leichter bist du zu vermitteln.

Mit dem Steckbrief »Couch-Potato, verbringe meine Zeit mit Essen, Trinken, Schlafen und Fernsehgucken und bin schwermütig« bist du auf dem Arbeitsmarkt unvermittelbar. Dann bist zuerst du selbst gefragt, dich wieder zu finden und dich zu aktivieren.

Ich habe mich mit einem Projektleiter für Arbeitslose unterhalten. Er sagt, sein Grundrezept in allen Fällen bestehe darin, seine Klienten in den Hintern zu treten, damit sie sich überhaupt wieder zutrauen, etwas aus sich zu machen. Was sie vor allem dazu bräuchten, wäre eine gut strukturierte Umgebung, in der exzessives Abhängen einfach nicht mehr möglich ist.

Und dann stellt er ihnen die alles entscheidende Frage: Warum und wofür willst du eigentlich wieder arbeiten? a) Wegen des Geldes und für deinen Lebensstandard? Oder b) für dein sozialemotionales Gleichgewicht und für den Spaß an der Arbeit?

Im Fall a) ist der Weg weiter. Du musst dich selbst aufbauen im Sinne unserer Liste »Schritt für Schritt aus dem Elend« – und dann her mit dem Vermittlungsgutschein.

Oder du musst selbst Jobs suchen mithilfe von xing.de, jobscout24.de, recruter.de, stepstone.de und wie sie alle heißen.

Im Fall b) kannst du sofort wieder einsteigen, denn 1-Euro-Jobs oder Ehrenamtliches gibt es wie Sand am Meer. Und es gibt die Tausch- und Schenkwirtschaftsbörsen. Oder falls es nicht genügend an deinem Heimatort gibt, kannst du die nächste selbst gründen. Trommle die Arbeitslosen in deiner Umgebung zusammen und stellt gemeinsam etwas auf die Beine.

Die Außerirdischen haben einfach recht: Wir haben die Macht, wir können unseren eigenen Wohlstand schaffen – es gibt keinen Grund, immer nur aufs Geld zu warten.

Klar, klar, man fängt in Schenkwirtschaftskreisen nicht mit Luxusartikeln und dem Einmieten in der Traumvilla an – da ist Aufbauarbeit gefragt. Aber wenn die Fraktion der Arbeitslosen Ernst machen würde und sich alle gemeinsam in einem eigenen Tauschwährungssystem oder Ähnlichem organisieren würden: Warum dann nicht auch Villen bauen? Möglich wäre es. Die Geldies haben schließlich auch mal irgendwo bei null angefangen.
Nur eines bitte ich euch wirklich, Kollegen, Brüder und Schwestern: Lasst uns nie, nie, nie Alo-*Aktien* einführen in unseren neuen Systemen ...!

Urlaub – ich muss mal abschalten

Urlaub für Hartzlinge und Arbeitslose? Na ja, vielleicht 20 Kilometer weiter, im nächsten Landkreis, für drei Tage auf dem Bauernhof. Mehr ist wohl nicht drin.

Denkste, nicht wenn man Laila heißt. Und auch nicht, wenn man weiß, wie es geht, und zudem dem Universum vertraut.

Einen Herzenswunsch hatte ich nämlich immer noch offen: Ich wollte diese »passive Zeit« effektiv nutzen und eine Weile durch Australien reisen.

Mittlerweile hatte ich längst Erfahrung mit dem Bestellen, und mein Vertrauen war gewachsen. Also konnte ich meine Gipfelbestellung Australien auch aufgeben.

Gesagt, getan. Der Liefertermin sollte allerdings so schnell wie möglich, unbedingt jedoch noch in 2007 sein.

Nachdem die Bestellung abgeschickt war, vergaß ich sie zunächst. Obwohl ich nicht wusste, wie die Lieferung erfolgen sollte, wusste ich ganz sicher, dass ich sehr bald tatsächlich nach Australien reisen würde.

Kurz darauf schlenderte ich wie üblich nach einer U3L-Vorlesung auf dem Uni-Campus herum, bis mir ein Poster mit dem Schnäppchen-Angebot »Frankfurt–Sydney 800,– Euro« auffiel. Mittlerweile total auf »Australien« programmiert, stutzte ich und las das Plakat aufmerksam durch. Wenn dieser Preis stimmt, dann mach ich es, dachte ich.

Schnurstracks ging ich zum Reisebüro und war nicht einmal enttäuscht, zu erfahren, dass dieses Angebot nur für junge Studierende und nur im Monat September 2007 Gültigkeit habe.

Da ich nun schon einmal hier war, wollte ich nicht unverrichteter Dinge wieder abziehen. Zusammen mit dem Angestellten spielte ich fiktiv eine Reise gen Down Under durch.

Welche Route? Egal.

Über Hongkong? Warum nicht?

Hier eine Woche bleiben? Okay.

Weiter nach Sydney? Nein, lieber nach Melbourne.

Zurück über Bali? Okay.

Visum für 1 Jahr? Gut.

Abflugdatum: 6.11.2007.

Frühester Rückreisetermin: 11.3.2008.

Gesamtpreis: 1200 Euro.

Willst du gleich bezahlen? Nein, bitte Option bis zum 6. September 2007.

Dann verließ ich das Reisebüro.

Was für eine Schnapsidee. Arbeitslos glücklich, aber kein Geld auf dem Konto.

Dies alles trug sich an einem Montag zu.

Am Donnerstag in der gleichen Woche hatte ich meinen Zen-Lehrer Willigis in Frankfurt zu einem Workshop eingeladen. Als ich ihn abholte, um ihn zum Seminarort ins Haus der Jugend zu begleiten, erzählte ich ihm von meinem Traum. Er war sofort begeistert und gab mir nicht nur seinen Segen, sondern auch einige Adressen von unserer dortigen Sangha in Brisbane.

Brita vom Frankfurter Ring ergänzte diese Liste mit zwei weiteren Empfehlungen im Outback und Norden Australiens. Als mich dann am Sonntag ihre Bitte erreichte, ob ich nicht eine Bleibe für eine neue Mitarbeiterin hätte, bot ich ihr freudig meine Wohnung an.
Jetzt ging es Schlag auf Schlag.
Vom Benediktushof erreichte mich ein weiterer Hilferuf nach einer vorübergehenden Wohnmöglichkeit. Also vermietete ich meine Wohnung komplett zu meinem aktiven monatlichen Mietpreis an zwei junge Frauen. (Keinerlei Ausgaben für mich!)
Eine weitere Zen-Gefährtin, Maria, erinnerte sich plötzlich an eine in Melbourne ansässige Frankfurter Freundin, die sich bestimmt freuen würde, mich kennenzulernen.
Am Sonntagabend rief mich mein früherer Ehemann Wieland an (wir hatten uns vor genau 40 Jahren in Sydney kennen und lieben gelernt). Er war ebenfalls begeistert von meiner Idee und überwies mir spontan 1000 Euro. Nicht genug, er gab mir außerdem die

Adresse von einem seiner ältesten Freunde, Heinz, und dessen Frau Maureen, die sich sicher ein Bein ausreißen würden, mich in Melbourne zu verwöhnen.

Das Wunder geschah wirklich. Und sogar für *mich!* Ich konnte es kaum fassen.

Schließlich ging ich zur Bank, holte meine letzten Ersparnisse (ihr erinnert euch an das überraschende Geschenk über 3000 Euro) und wurde allmählich aufgeregt: Ich würde wirklich Australien wiedersehen!

Am 6. September 2007 machte ich die Buchung fest und bestellte das Visum.

Bereits in London, beim ersten Zwischenstopp, fühlte ich mich als Luxuspuppe und fing an, jeden Augenblick aus dem Vollen zu schöpfen und zu genießen.

Die Zeit in Hongkong war ein frühes Highlight. Es war alles so unglaublich und aufregend, dass ich Tagebuch zu führen begann – worüber ich im Nachhinein sehr froh bin, denn so kann ich mich immer wieder an diese wundervolle Reise erinnern, bei der ein Höhepunkt den anderen jagte.

Ich besuchte alle, deren Adressen ich freundlicherweise bekommen hatte, arbeitete manchmal auf Ökoplantagen, sparte insofern Kost und Logis und fand außerdem neue Freunde. Wenn ich zusätzlich etwas benötigte, bestellte ich es beim Bestellservice, der immer fristgerecht lieferte.

Mit dem »Ghan«- und »Overland«-Zug durchquerte ich gemütlich das Outback von Melbourne bis nach Darwin.

An die Sonnen- und Goldküste reiste ich mit dem Flugzeug.

Was noch fehlte, war eine Schiffsreise, fiel mir irgendwann ein. Im Übermut schickte ich die Bestellung ans Universum und erhielt innerhalb einer Woche eine Einladung auf einen Katamaran. Ich wunderte mich kein bisschen, denn diese Reise war voll solcher Erlebnisse. Ich genoss den Luxus und die vielen Geschenke und dankte im Geiste für alles ausgiebig.

Irgendwann verlor ich die Übersicht über meine Geldreserven auf dem Konto zu Hause und fürchtete, doch bald an die Rückkehr denken zu müssen. Mein Wunsch, entweder nach Neuseeland oder Tasmanien weiterzureisen, überschritt bei Weitem meine Möglichkeiten. So bestellte ich kurz entschlossen einen Flug nach Neuseeland über die virtuelle Plattform des Universums.

Ganz kurze Zeit dauerte es nur, bis mein Sohn aus Deutschland mailte, auf meinem Girokonto sei eine größere Geldsumme eingegangen, von der ich ihm vorher überhaupt nichts gesagt hätte. Woher das Geld komme. Meine Antwort: Weiß nicht, aber ich fliege erst mal nach Neuseeland ...

Vielleicht liegt es daran, dass Australien das magische Land der Traumfänger ist; vielleicht ist es auch meine besondere Beziehung zu diesem Land und die Tatsache, dass dieses Abenteuer ein wirklicher Herzenswunsch war. Auf jeden Fall war die ganze Reise ein unglaubliches Wunder und ein wunderschönes Geschenk des Lebens.

Ich rate dir, in deinem eigenen Herzen genauso nach deinen Wünschen zu forschen und dich aufzumachen, dich selbst und deine dir innewohnende Kraft zu entdecken. Denn ich bin überzeugt, dass auf einen zuversichtlichen Menschen an jeder Ecke positive Wunder warten. Das Universum kennt so viel mehr Lieferwege als nur über Geld.

Mein wichtigster Tipp für Reiselustige

Man kann gegen Unterkunft und Verpflegung oder gegen Mitreisegelegenheit arbeiten. Und schon hat man wieder alles, was man braucht.

WWOOF.de, das heißt Willing Workers on Organic Farms (in Deutschland: Hinaus auf's Land – Freiwillige Helfer auf ökologischen Höfen), ist eine Organisation, der man als Single für 50 Australische Dollar oder als Paar für 60 Australische Dollar pro Jahr beitreten kann. Dafür bekommt man ein Host-Buch (mit Adressen); man ist sogar bis zu einem gewissen Grad versichert, falls man sich verletzt (siehe dazu Versicherung der WWOOF Organisation). Wwoofers arbeiten meist zwischen 4 bis 6 Stunden pro Tag für Essen und Unterkunft.

Aber auch einige Tauschbörsen oder Schenkwirtschaftskreise bieten mitunter Unterkünfte gegen Mithilfe bei der Hausarbeit an.

Kostbare Tipps und Tricks zum Hausgebrauch

(Bitte prüfe v.a. bei den angegebenen Internetadressen, ob es für dich persönlich infrage kommt, dich dort zu registrieren. Ich habe alle mit Begeisterung ausprobiert, doch für die Seriosität der Anbieter können wir letztendlich keine Gewähr übernehmen.)

Beerenpflücken
Saisonbedingte Arbeiten kosten nichts, sind gesund und machen unbedingt glücklich. Ein Versuch lohnt sich wirklich.

Ehrenamtskarte
Diese Ehrennadel wird von städtischen Gremien verliehen, um die Ehrenämtler zu adeln oder zumindest ihre Arbeit öffentlich zu würdigen. Der Aspirant muss einen bestätigten Nachweis über seine geleisteten Ehrenamtseinsätze erbringen.

EuroClix.de
Mit EuroClix spart man Punkte (Clix), indem man E-Mails liest oder an Online-Befragungen teilnimmt. Diese Punkte kann man gegen Euro oder Geschenke ein-

tauschen. Für die kostenlose Anmeldung erhält man 150 Clix (1,50 Euro).

Freiwilligenagenturen

Soziales Engagement wird in der Gesellschaft neuerdings ganz hoch angesetzt. Das Angebot der städtischen, kirchlichen und privaten Freiwilligenagenturen mit Schwerpunkt Ehrenamtseinsätze wird größer und attraktiver. Die einzelnen Agenturen konkurrieren geradezu miteinander. Die Palette der Jobangebote in sozialen Einrichtungen wie Schulen, Kindertagesstätten, Seniorenwohnanlagen usw. reicht von kleinen Spaziergängen, Café-Besuchen, Begleitung zur Oper oder zu einem Konzert bis hin zu Erledigungen bei der Bank, praktische Hilfe in Haus und Garten oder Vorlesen in einer Kindertagesstätte.

GlobalTestMarket.de

Nach einer kostenlosen Anmeldung bei diesem in über 200 Ländern aktiven Marktforschungsinstitut wird man per E-Mail zu bezahlten Umfragen eingeladen. Als Belohnung gibt es bares Geld.

Gratis-Buffets

Geradezu abenteuerlich fand ich die lokalen Einladungen zu diversen Eröffnungsfeiern oder anderen Veranstaltungen, die meistens wöchentlich im Lokalteil der Veranstaltungskalender bekannt gegeben werden. Veranstalter sind größtenteils Firmen, Banken oder städtische Einrichtungen, die aus werbetechnischen Gründen jeden Gast willkommen heißen. Neben lukullischen Schmankerln kann man hier auch viel dazulernen.

Gratispaket.de
Alle Teilnehmer einer kurzen Umfrage von Gratispaket. de (5 Teile à ca. 2–3 Minuten) erhalten als Dankeschön eine Prämie: Ein Design-Stereo-Radio, ein Edelstahl-Flashlight, ein Schlüsselfinder oder ein Design-Wandtattoo stehen zur Auswahl. Zusätzlich zur ausgewählten Prämie erhält man kostenlos Einkaufsgutscheine im Wert von über 100 Euro!

Internet-Nutzung – kostenlos
Neuerdings stehen in jeder Stadtbücherei mehrere Computer zur kostenfreien Internet-Nutzung zur Verfügung. Außerdem besteht hier die Möglichkeit, nicht nur sämtliche Bücher, sondern auch viele Tageszeitungen und internationale Journale unentgeltlich zu lesen. Die Frankfurter Stadtbücherei besitzt zudem eine umfangreiche Video- und Musikabteilung. Des Weiteren kann man hier sogar Keyboard lernen und spielen.

Internetportale
Hier findet man öffentliche Anbieter für kurzfristige Zeit-Management-Projekte, z.B. Marktforschungsinterviews, saisonal bedingte Arbeiten auf dem Bauernhof,

Mietautos vom und zum Flughafen bringen, Auto-Überführungen, Kinderbetreuung u.v.m.

Lebensmittel – preisgünstig
Kurz vor Marktende wird normalerweise übrig gebliebenes Gemüse und Obst zum halben Preis angeboten oder gar verschenkt. Auch Supermärkte stellen die leicht verderblichen Produkte wegen des abgelaufenen Haltbarkeitsdatums oder aufgrund kleiner Schönheitsfehler oftmals kostenfrei zur Verfügung. Es empfiehlt sich also, so spät als möglich am Abend einkaufen zu gehen.

Marktforschung.de
Die zentrale Internetplattform für die Marktforschungsbranche.

Meinungsstudie.de
Bei Meinungsstudie wird die persönliche Einschätzung zu verschiedenen Produkten und Dienstleistungen belohnt. Für jede abgeschlossene Umfrage erhält man eine Gutschrift von bis zu 10 Euro und für fachspezifische Umfragen 15 Euro.
Einige weitere Adressen:
www.bezahlte-umfragen-online.de
www.geldkoffer.de
www.internet-goldgrube-v.com
www.meinungsplatz.de
www.umfragen-jobs.de

MonetenFuchs.de
Geld verdienen im Internet

Nachbarschaftszentralen/Tausch- /Geschenkbörsen
Dieses Portal ermöglicht den Austausch von nützlichen Gebrauchsgegenständen. Anbieter gibt es zuhauf in jeder Stadt und unendlich viele im Internet. www.geschenk-börse.de

Oxfam Deutschland (www.oxfam.de)
Unter diesem Namen haben sich in Deutschland und weltweit Menschen zu einer unabhängigen Hilfsorganisation zusammengeschlossen – Menschen, die daran glauben, dass Armut und Elend vermeidbar sind und überwunden werden können. Gemeinsam für eine gerechte Welt.
Angefangen hat alles ganz klein: mit Menschen, die anderen Menschen helfen wollten. 1942 gründeten engagierte Bürgerinnen und Bürger im englischen Oxford das Oxforder Komitee zur Linderung der Hungersnot (OXford Committee for FAMine Relief). Sie wollten das durch den Krieg entstandene Leid, die Krankheiten und den Hunger bekämpfen. Auch ins hungernde Nachkriegsdeutschland lieferten sie Lebensmittel. Ähnliche Organisationen haben sich damals in weiteren reichen Ländern gegründet und schlossen sich in den 1990er-Jahren zu Oxfam International zusammen. Heute bekämpft Oxfam die Armut weltweit. Inzwischen gibt es 13 nationale Oxfam-Hilfsorganisationen.

Oxfam fördert heute Hilfsprojekte in mehr als 100 Ländern in partnerschaftlicher Zusammenarbeit mit über 3000 lokalen Organisationen. Dazu gehören Hilfsmaßnahmen wie die Trinkwasserversorgung in Krisengebieten und bei Naturkatastrophen sowie die soziale und wirtschaftliche Entwicklung durch langfristige Projektarbeit und wichtige Aufklärungsarbeit zu entwicklungspolitischen Themen. Diese Kombination von Projekt- und Kampagnenarbeit ist charakteristisch für alle Oxfam-Organisationen. Dadurch wollen sie zeigen, dass die Aufklärung über die strukturellen Ursachen von Armut ebenso wichtig ist wie die geleistete Hilfe vor Ort, um die weltweite Armut erfolgreich zu bekämpfen.

Oxfam Deutschland e.V. ist eine der jüngsten Oxfam-Organisationen. 1995 als gemeinnütziger Verein gegründet, arbeitet Oxfam Deutschland unabhängig von Regierungen, Parteiinteressen und Religionsgemeinschaften. Zu Oxfam Deutschland gehört auch die Oxfam Deutschland Shops GmbH. Sie managt die Oxfam Shops in Deutschland, deren Ertrag der Projekt- und Kampagnenarbeit des Vereins zugute kommt. Das Besondere an den Oxfam-Shops ist ihr Konzept, mithilfe ehrenamtlicher Mitarbeiter Überflüssiges zu günstigen Preisen flüssig zu machen.

Seniorenrathäuser

In Frankfurt bieten gerade die Seniorenrathäuser vielfältige Möglichkeiten des ehrenamtlichen Engagements nicht nur für arbeitslose Senioren. Besonders gefragt sind

Hilfestellungen bei computerspezifischen Themenbereichen.

Als Beweis eine kleine Geschichte, die tatsächlich passiert ist:
Ein Mann jenseits der 70 wollte seine Schreibmaschine ersetzen. Daraufhin kaufte er sich eine Tastatur mit Drucker. Er wunderte sich allerdings, als das nicht funktionierte und er kein gedrucktes Wort zu Papier bringen konnte. Erst als ein hilfreicher Bekannter ihm ausführlich die Zusammenhänge zwischen einem Computer und Drucker erklärte, kaufte er sich schweren Herzens den fehlenden PC dazu.

Spirituelle Veranstalter

Eine Gelegenheit der Bewusstseinsarbeit durch persönlichen Einsatz bei Seminaren und Workshops! Jede größere Stadt bietet ein vielfältiges Spektrum interessanter Seminare und Workshops an, und die Veranstalter sind sehr dankbar für jegliche tatkräftige Unterstützung. Die aktive Mithilfe umfasst nicht nur die Abholung von Referenten vom Bahnhof oder Flughafen, sondern weitet sich auf viele andere Gebiete aus. Innovative Organisationstalente sind sehr gefragt und jegliches Know-how kann eingebracht werden.

U3L – Universität drittes Lebensalter

Die Universität des dritten Lebensalters ist eine Bildungsinstitution an der Johann-Wolfgang-Goethe-Universität Frankfurt.

Es bestehen keine Zulassungsbedingungen bezüglich Alter und Schulabschluss. Vorausgesetzt wird die entschiedene Bereitschaft, an einem wissenschaftlichen Dialog teilzunehmen, in Seminaren aktiv mitzuarbeiten und die eigene Bildung zu fördern.

Buchempfehlungen

Neben den bereits erwähnten Büchern halten wir u.a. auch die folgenden Texte für lesenswert:

Dalai Lama, *Der Weg zum Glück. Sinn im Leben finden*

Kathy Kelly, *How I lived a year on just one Pound a day* (Redcliff Press)
(Porträt: »Ein Jahr fast ohne Geld« von Peter Nonnenmacher, Frankfurter Rundschau 10/08)

Prof. Dr. Margrit Kennedy, *Geld ohne Zinsen und Inflation*
(M. Kennedy ist Architektin, Stadtplanerin und Ökonomin; sie leitete im Rahmen der Internationalen Bauausstellung Berlin 1987 die Forschungsabteilung »Ökologie und Energie«; Schwerpunkt ihrer Arbeit ist die Einführung und Erprobung regionaler Tauschmittel. www.margritkennedy.de)

Kenneth S. Leong, *Anleitung zum Glücklichsein. 100 Zen-Geschichten für das neue Jahrtausend*

Abt Muho, *Zazen oder der Weg zum Glück*

Swami Muktananda Paramahamsa, *Meditiere: Das Glück liegt in dir*

Konstantin Wecker, *Die Kunst des Scheiterns. Tausend unmögliche Wege, das Glück zu finden*

Ein Wort zum Schluss

Ich hatte mir nie vorgestellt, jemals ein Buch zu schreiben, nicht einmal in meinen kühnsten Träumen. Daher ist es mir ein besonderes Anliegen, meinen tief empfundenen Dank an Bärbel Mohr und Konrad Halbig auszusprechen.

Bei Bärbel dafür, dass ich durch ihr Buch »Bestellungen beim Universum« überhaupt auf die Idee kam, mit dem Universum zusammenzuarbeiten und Bestellungen aufzugeben, und bei Konrad Halbig dafür, dass er mich entscheidend ermutigte, mit meinen gesammelten Erfahrungen »an die Öffentlichkeit« zu gehen; schließlich hätte ich »als Betroffene eine Botschaft weiterzugeben ...«

Wenn es mir gelingt, durch die hier geschilderten Geschichten auch in anderen das Vertrauen in die eigenen Kräfte und das Universum zu wecken, habe ich mein Ziel erreicht und bleibe als ehemalige Arbeitslose – jetzt Frührentnerin – weiterhin glücklich.

In diesem Sinne wünsche ich allen Leserinnen und Lesern viel Glück und Mut auf ihrer persönlichen Entdeckungsreise!

XING.COM – Die virtuelle Plattform für betroffene und nicht betroffene Sympathisanten:
»XING.COM Gruppe AloGlue«.
Hier treffen sich Suchende und Interessenten zum Erfahrungsaustausch und/oder zum Kraft spendenden Mutmachen.
Laila Schmid, im März 2009

Wenn wir nur für das Geld und den Gewinn arbeiten,
bauen wir uns ein Gefängnis
und schließen uns wie Klausner ein.
Geld ist nur Schlacke und kann nichts schaffen,
was das Leben lebenswert macht.

Antoine de Saint-Exupéry,
Wind, Sand und Sterne